香港文庫

新古今香港系列

A History of
Hong Kong
Comics

# 香港漫畫春秋

鄭家鎮——著

新古今香港系列

總

序

香港，作為中國南部海濱一個重要的海港城市，有著特殊的社會經歷和文化特質。它既是中華文化值得驕傲的部分，又是具有強烈個性的部分。尤其在近現代時期，由於處於中西文化交匯的前沿地帶，因而還擁有融匯中西的大時代特徵。回顧和整理香港歷史文化積累的成果，遠遠超出整理一般地域文化歷史的意義。從宏觀的角度看，它在特定的時空範疇展現了中華文化承傳、包容的強大生命力，從而也反映了世界近代文化發展的複雜性和多面性。

梁啟超在《中國歷史研究法》中對有系統地收集史料和研究成果的重要性，曾作這樣的論述：

大抵史料之為物，往往有單舉一事，覺其無足輕重；及彙集同類之若干事比而觀之，則一時代之狀況可以跳活表現。比如治庭院者，孤植草花一本，無足觀也；若集千萬本，蒔已成畦，則絢爛炫目矣。[1]

近三十年來香港歷史文化研究，已有長足的進步，而對香港社會歷史文化的認識，到了一個全面、深入認識、整理和繼續探索的階段，因而《香港文庫》可視為時代呼喚的產物。

---

1　梁啟超：《中國歷史研究法》〔香港：三聯書店（香港）有限公司，2000〕，69頁。

# （一）

　　曾經在一段時間內，有些人把香港的歷史發展過程概括為從"小漁村到大都會"，即把香港的歷史過程，僅僅定格在近現代史的範疇。不知為甚麼這句話慢慢成了不少人的慣用語，以致影響到人們對香港歷史整體的認識，故確有必要作一些澄清。

　　從目前考古掌握的資料來看，香港地區的有人類活動歷史起碼可以上溯到新石器中期和晚期，是屬於環珠江口的大灣文化系統的一部分。由此我們可以清楚地看到，香港的地理位置從遠古時期開始，就決定了它與中國大陸不可分割的歷史關係。它一方面與鄰近的珠江三角洲人群的文化互動交流，同時與長江流域一帶的良渚文化有著淵源的關係。到了青銅器時代，中原地區的商殷文化，透過粵東地區的浮濱文化的傳遞，已經來到香港。[2]

　　還有一點不可忽視的是，香港位於中國東南沿海，處於東亞古代海上走廊的中段，所以它有著深遠的古代人口流動和文化交流的歷史痕跡。古代的這種歷史留痕，正好解釋它為甚麼在近現代能迅速崛起所具備的自然因素。天然的優良港口在人類歷史的"大

---

2　參看香港古物古蹟辦事處：〈香港近年的考古發現與研究〉，載《考古》第 6 期（2007），3–7 頁。

航海時代"被發掘和利用，是順理成章的事，而它的地理位置和深厚的歷史文化根源，正是香港必然回歸祖國的天命。

香港實際在秦代已正式納入中國版圖。而在秦漢之際所建立的南越國，為後來被稱為"嶺南"的地區奠定了重要的政治、經濟和文化基礎。[3] 香港當時不是區域政治文化中心，還沒有展示它的魅力，但是身處中國南方的發展時期，大區域的環境無疑為它鋪墊了一種潛在的發展力量。我們應該看到，當漢代，廣東的重要對外港口從徐聞、合浦轉到廣州港以後，從廣州出海西行到南印度"黃支"的海路，途經現在香港地區的海域。香港九龍漢墓的發現可以充分證實，香港地區當時已經成為南方人口流動、散播的區域之一了。[4] 所以研究中國古代海上絲綢之路，不應該完全忘卻對香港古代史的研究。

到了唐宋時期，廣東地區的嶺南文化格局已經形成。中國人口和政治重心的南移、珠江三角洲地區進入"土地生長期"等因素都為香港人口流動的加速帶來新動力。所以從宋、元、明開始，內地遷移來香港地區生活的人口漸次增加，現在部分香港原住民就

---

3　參看張榮方、黃淼章：《南越國史》（廣州：廣東人民出版社，1995）。

4　參看區家發：〈香港考古成果及其啟示〉，載王賡武主編：《香港史新編》（增訂版）〔香港：三聯書店（香港）有限公司，2017〕，3–42頁。

是這段歷史時期遷來的。[5] 香港作為一個地區，應該包括港島、九龍半島和新界三個部分，所以到十九世紀四十年代，香港絕對不能說"只是一條漁村"。

我們在回顧香港歷史的時候，常常責難晚清政府無能，把香港割讓給英國，但是即使是那樣，清朝在《南京條約》簽訂以後，還是在九龍尖沙咀建立了兩座砲台，後來又以九龍寨城為中心，加強捍衛南九龍一帶的土地。[6] 這一切說明清王朝，特別是一些盡忠職守的將領一直沒有忘記自己國家的土地和百姓，而到了今天，我們卻沒有意識到說香港當英國人來到的時候只是"一條漁村"，這種說法從史實的角度看是片面的，而這種謬誤對年輕一代會造成歸屬感的錯覺，很容易被引申為十九世紀中期以後，英國人來了，香港才開始它的歷史，以致完整的歷史演變過程被隱去了部分。所以從某種意義上看，懂得古代香港的歷史是為了懂得自己社會和文化的根，懂得今天香港回歸祖國的歷史必然。因此，致力於香港在十九世紀中葉以前歷史的研究和整理，是我們《香港文庫》特別重視的一大宗旨。

---

5　參看霍啟昌：〈十九世紀中葉以前的香港〉，載《香港史新編》（增訂版），43－66 頁。

6　其實我們如果細心觀察九龍城在第一次鴉片戰爭以後形成的過程，便可以看到清王朝對香港地區土地力圖保護的態度，而後來南九龍的土地在第二次鴉片戰爭中失去，主要是因為軍事力量對比過於懸殊。

（二）

　　曲折和特別的近現代社會進程賦予這個地區的歷史以豐富內涵，所以香港研究是一個範圍頗為複雜的地域研究。為此，本文庫明確以香港人文社會科學為範疇，以歷史文化研究資料、文獻和成果作為文庫的重心。具體來說，它以收集歷史和當代各類人文社會科學方面的作品和有關文獻資料為己任，目的是為了使社會大眾能全面認識香港文化發展的歷程而建立的一個帶知識性、資料性和研究性的文獻平台，充分發揮社會現存有關香港人文社會科學方面資料和成果的作用，承前啟後，以史為鑒。在為人類的文明積累文化成果的同時，也為香港社會的向前邁進盡一份力。

　　我們希望《香港文庫》能為讀者提供香港歷史文化發展各個時期、各種層面的狀況和視野，而每一種作品或資料都安排有具體、清晰的資料或內容介紹和分析，以序言的形式出現，表現編者的選編角度和評述，供讀者參考。從整個文庫來看，它將會呈現香港歷史文化發展的宏觀脈絡和線索，而從具體一個作品來看，又是一個個案、專題的資料集合或微觀的觀察和分析，為大眾深入了解香港歷史文化提供線索或背景資料。

　　從歷史的宏觀來看，每一個區域的歷史文化都有時代的差異，不同的歷史時期會呈現出不同的狀況，歷史的進程有快有慢，有起有伏；從歷史的微觀來看，不同層面的歷史文化的發展和變化會存在不平衡的狀態，不同文化層次存在著互動，這就決定了文庫在選題上有時代和不同層面方面的差異。我們的原則是實事求是，不求不同時代和不同層面上數量的刻板均衡，所以本文庫並非面面俱到，但求重點突出。

在結構上，我們把《香港文庫》分為三個系列：

1. "香港文庫・新古今香港系列"。這是在原三聯書店（香港）出版有限公司於 1988 年開始出版的"古今香港系列"基礎上編纂的一套香港社會歷史文化系列。以在香港歷史中產生過一定影響的人、事、物和事件為主，以通俗易懂的敘述方式，配合珍貴的歷史圖片，呈現出香港歷史與文化的各個側面。此系列屬於普及類型作品，但絕不放棄忠於史實、言必有據的嚴謹要求。作品可適當運用注解，但一般不作詳細考證、書後附有參考書目，以供讀者進一步閱讀參考，故與一般掌故性作品以鋪排故事敘述形式為主亦有區別。

"香港文庫・新古今香港系列"部分作品來自原"古今香港系列"。凡此類作品，應對原作品作認真的審讀，特別是對所徵引的資料部分，應認真查對、核實，亦可對原作品的內容作必要的增訂或說明，使其更為完整。若需作大量修改者，則應以重新撰寫方式處理。

本系列的讀者定位為有高中至大專水平以上的讀者，故要求可讀性與學術性相結合。以文字為主，配有圖片，數量按題材需要而定，一般不超過 30 幅。每種字數在 10 到 15 萬字之間。文中可有少量注解，但不作考證或辯論性的注釋。本系列既非純掌故歷史叢書，又非時論或純學術著作，內容以保留香港地域歷史文化為主旨。歡迎提出新的理論性見解，但不宜佔作品過大篇幅。希望此系列成為一套有保留價值的香港歷史文化叢書，成為廣大青少年讀者和地方史教育的重要參考資料。

2. "香港文庫・研究資料叢刊"。這是一套有關香港歷史文化研究的資料叢書，出版目的在於有計劃地保留一批具研究香港歷史文化價值的重要資料。它主要包括歷史文獻、地方文獻（地方誌、譜牒、日記、書信等）、歷史檔案、碑刻、口述歷史、調查報告、歷史地圖及圖像以及具特別參考價值的經典性歷史文化研究作品等。出版的讀者對象主要是大、中學生與教師，學術研究者、研究機構和圖書館。

本叢刊出版強調以原文的語種出版，特別是原始資料之文本；亦可出版中外對照之版本，以方便不同讀者需要。而屬經過整理、分析而撰寫的作品，雖然不是第一手資料，但隨時代過去，那些經過反復證明甚具資料價值者，亦可列入此類；翻譯作品，亦屬同類。

　　每種作品應有序言或體例說明其資料來源、編纂體例及其研究價值。編纂者可在原著中加注釋、說明或按語，但均不宜太多、太長，所有資料應注明出處。

　　本叢刊對作品版本的要求較高，應以學術研究常規格式為規範。

　　作為一個國際都會，香港在研究資料的整理方面有一定的基礎，但從當代資料學的高要求來說，仍需努力，希望叢刊的出版能在這方面作出貢獻。

　　3.＂香港文庫‧學術專題研究＂。香港地區的特殊地理位置和經歷，決定了這部分內容的重要。無論在古代作為中國南部邊陲地帶與鄰近地區的接觸和交往，還是在大航海時代與西方殖民勢力的關係，以至今天實行的＂一國兩制＂，都有不少是值得深入研究的課題。人們常用＂破解＂一詞去形容自然科學方面獲得新知的過程，其實在人文社會科學方面也是如此。人類社會發展過程的地區差異和時代變遷，都需要不斷的深入研究和探討，才能比較準確認識它的過去，如何承傳和轉變至今天，又如何發展到明天。而學術研究正是從較深層次去探索社會，探索人與自然的關係，把人們的認識提高到理性的階段。所以，圍繞香港問題的學術研究，就是認識香港的理性表現，它的成果無疑會成為香港文化積累和水平的象徵。

　　由於香港無論在古代和近現代都處在不同民族和

不同地區人口的交匯點，東西不同的理論、價值觀和文化之間的碰撞也特別明顯。尤其是在近世以來，世界的交往越來越頻密，軟實力的角力和博弈在這裡無聲地展開，香港不僅在國際經濟上已經顯示了它的地位，而且在文化上的戰略地位也顯得越來越重要。中國要在國際事務上取得話語權，不僅要有政治、經濟和軍事等方面的實力，在文化領域上也應要顯現出相應的水平。從這個方面看，有關香港研究的學術著作出版就顯得更加重要了。

"香港文庫・學術專題研究" 系列是集合有關香港人文社會科學專題著作的重要園地，要求作品在學術方面達到較高的水平，或在資料的運用方面較前人有新的突破，或是在理論方面有新的建樹，作品在體系結構方面應完整。我們重視在學術上的國際交流和對話，認為這是繁榮學術的重要手段，但卻反對無的放矢，生搬硬套，只在形式上抄襲西方著述 "新理論" 的作品。我們在選題、審稿和出版方面一定嚴格按照學術的規範進行，不趨潮流，不跟風。特別歡迎大專院校的專業人士和個人的研究者 "十年磨一劍" 式的作品，也歡迎翻譯外文有關香港高學術水平的著作。

（三）

　　簡而言之，我們把《香港文庫》的結構劃分為三個系列，是希望把普及、資料和學術的功能結合成一個文化積累的平台，把香港近現代以前、殖民時代和回歸以後的經驗以人文和社會科學的視角作較全面的探索和思考。我們將以一種開放的態度，以融匯穿越時空和各種文化的氣度，實事求是的精神，踏踏實實做好這件有意義的文化工作。

　　香港在近現代和當代時期與國際交往的歷史使其在文化交流方面亦存在不少值得總結的經驗，這方面實際可視為一種香港當代社會資本，值得開拓和保存。

　　毋庸置疑，《香港文庫》是大中華文化圈的一部分，是匯聚百川的中華文化大河的一條支流。香港的近現代歷史已經有力證明，我們在世界走向融合的歷史進程中，保留中華文化傳統的重要。香港今天的文化成果，說到底與中國文化一直都是香港文化底色的關係甚大。我們堅信過去如此，現在如此，將來也一定如此。

鄭德華

2017 年 10 月

# 目
## 錄

序言

　　鄭家鎮先生（1918-2000）出生於香港，祖籍海南，出身於書香門第。父親鄭以淦留學英國劍橋大學，回國後於 1924 年被廣東政府任命為禁烟督辦署下屬之處長。鄭家家中所藏中國畫和西洋畫冊甚豐，故他自小已受書畫的熏陶，九歲開始臨《三希堂》、《芥子園畫譜》，在一個偶然的機會下，在《東方雜誌》上看到錢病鶴的漫畫，深受啟發，自此愛上了"畫公仔"，十八歲開始發表繪畫作品，並不斷觀摩學習前輩書畫之作，在大量的實踐創作中摸索前進，形成了自己的書畫之風，是屬於自學成才的書畫家。

　　雖然鄭家鎮的第一份工作是到海南島去當鹽官，但從事文化藝術工作卻是他的畢生理想。1936 年他已在《越華報》和《國華報》上發表長篇漫畫。1937 年，中國抗日戰爭爆發，他在廣州參加了漫畫家在長堤青年會舉辦的抗日漫畫展。在廣州展出後還到了附近的鄉鎮宣傳，成為一名抗日的文化鬥士，並結識了不少愛國的文藝工作者。香港淪陷前，參與"現代中國漫畫展"，主編《天下畫報》。

　　抗戰勝利後，他在《華僑日報》任職達四十年之久，除了以不同的筆名在報上寫漫畫、發表書畫評論外，於 1956 年與友人合辦了《漫畫世界》半月刊，舉辦了一系列的漫畫展覽和比賽，為推動香港的漫畫以及書畫藝術的發展作出持續性的貢獻。

　　香港在近一百多年來曾受英國的殖民管治，但從文化發展的角度看，它一直沒有離開大中華文化圈的範疇。香港人從中國近代的洋務運動到辛亥革命、抗日戰爭到中華人民共和國成立及以後，都與中國內地文化血脈相連，特別是在國家命運危急的關鍵時刻，總是全力以赴，共赴艱辛，表現出大無畏的精神。這種時代的烙印，亦深深銘刻在鄭家鎮一生的行狀之中。

鄭家鎮先生從書畫的學習和創作經歷中感悟到中國傳統文化的博大精深，把畢生的精力獻給發展香港的書畫事業。這部《香港漫畫春秋》是他成熟期的重要作品。在著作中，他不僅精選了自己一生的珍藏，把九十六幅香港重要的漫畫作品呈獻給讀者，而且用非常簡練、清晰而可讀性很強的筆調進行描述，充分利用文字的功力和圖像的效果相輔相乘，堪稱是圖文並茂之作。

如果我們把《香港漫畫春秋》放在香港文化發展的歷程考察，更能體會它的珍貴之處。

說實話，從十九世紀四十年代以後香港的歷史來看，不單不應把它看成是"文化沙漠"，從某種意義上說，它還是中華文化承傳和中外文化交流、創新的一塊寶地。由於特殊的歷史條件和地理位置，香港從鴉片戰爭以後，不僅與洋務運動、戊戌變法、辛亥革命、抗日戰爭等中國近代史的重大事件息息相關，這些史實已為大家耳熟能詳而不用多言。在文化方面，它一方面充當中外交流的前沿地帶，另一方面又成為中國傳統文化的庇護所，以及緊貼時代的大眾文化基地。一些在中國內地因各種原因失勢的文化人往往跑到香港"避難"，而一些胸懷改變中國落後狀態的知識分子亦利用這個地方的特殊身分開展活動，留下他們的足跡和重要影響。這種特殊的社會歷史環境所孕育出來的文化因素，為香港的歷史文化增添了不少色彩。但可惜的是這種多元文化的特殊歷史功能，目前好像還沒有得到充分的認識和系統的研究。

作為一位香港本土成長起來的書畫家，鄭家鎮在《香港漫畫春秋》中清晰地告訴我們，香港漫畫最基本的源流可以追溯到中國古代的繪畫文化，而它的發展亦與西方文化在中國的傳播有關，因而香港與內地漫畫的興起是同出一脈的。

在該書的第一部分"香港漫畫源流及轉變"中，雖然他提出的敦煌壁畫，與現藏北京故宮博物館的宋人無款"大儺圖"等，未必是中國最早的漫畫作品（按：如山東漢代武梁祠石刻"夏桀"，就普遍被認為是具漫畫元素的作品），但起碼在唐宋以前，中國就有利用誇張手法來突出繪畫的主題，或以諧趣手法去描寫人物的畫作出現。而在近代，在辛亥革命和歐風東漸的影響下，漫畫在二十世紀一二十年代迅速發展起來，成為社會喜聞樂見的繪畫形式。我們應該注意到，鄭家鎮在書中提出香港漫畫的第一代拓荒者何劍士和鄭磊泉，同時也是中國現代漫畫第一代的奠基者，他們與上海的漫畫家錢病鶴、馬星馳等人是同一時代的人。正如前文已述，鄭家鎮就是在錢病鶴的啟蒙下開始進入漫畫天地的。所以在鄭家鎮的經歷中，我們完全可以看到香港文化與內地文化的血緣關係。

在該書的第二部分，作者介紹了對香港早期影響較深的五十四位漫畫家。他們主要是香港本土人，但也有少數只是短暫來香港生活，或僅只是來過香港舉辦展覽而對香港漫畫產生影響的畫家。這些漫畫家如豐子愷、葉淺予、華君武、張光宇、黃苗子、廖冰兄、方成、米谷等都同時是內地著名的漫畫家和畫家，有的完全可稱為大師級的人馬。鄭家鎮把這些對香港漫畫發展曾產生過重要影響的漫畫家一一作了介紹，有的雖然是三言兩語，但卻是畫龍點睛之筆，加上圖文並茂，省卻了不必要的繁瑣文墨。作者在這本作品中運用文字與圖像配合的功夫，如同他的漫畫作品一樣，耐人尋味。

正如鄭家鎮在書中指出，香港早期的漫畫逐漸受到英美的影響，寓意明顯，諷喻時弊以至時政，畫面多了變化，但卻是用中國畫的筆法去創作，所以香港早期的漫畫家中國畫的功力都非常深厚。他們還同時研習中國書法，因此縱觀這個時代造就的漫畫家不僅畫技嫻熟，而且個人藝術修養較高。如果我們細看當年的漫畫作品便會發現，這批畫家都寫得一手好書法，在畫作中強調書畫相映，使作品不僅渾然一體，還往往妙趣橫生。為了達到這種藝術意境，他們不斷揣摩和突破傳統規範，創造出新的字形和寫法。如鄭家鎮、黃苗子和張光宇常在一起切磋書法，創造"怪字"，被人稱為"怪字三俠"。這一代漫畫家的成就的確值得我們細細去品味，因為在繪畫傳統的繼承和創新，在表現藝術家的個人風格等方面都有突出的建樹，實為中國繪畫史上值得一書的方面。

在回顧香港漫畫發展的歷史過程時，我們一定會注意到七十年代是它大轉折的年代。香港漫畫在學習外國漫畫創作形式方面有巨大的突破。尤其是自引入日本以文化產業的方式經營漫畫創作，香港漫畫的風格為之一改。鄭家鎮在該書描述香港漫畫歷史性的變化時是這樣表述的："故事性強，畫面多變，動作誇張，使讀者在平凡的生活中，享受到官能刺激。"應當稍加補充的是，它在創作方法上是用打破以個人為創作主體的形式進行的，是一種模仿商品企業生產的方式進行藝術創作。漫畫家並不需要像鄭家鎮那一代漫畫家那樣先去苦練繪畫和寫書法的基本功，也不一定先大量閱讀中外名著以提高自己的文化修養，然後再投入創作，而是在生產漫畫作品的實踐中學習。七十年代是香港經濟起飛的年代，漫畫在這個時代也要選擇它的生存方式。特別是電影、電視等流行文化勃興時代的到來，是對漫畫界的嚴竣挑戰。思想的開拓和對社會文化潮流趨向的認知，成為新一代漫畫人的最重要的資質，以黃玉郎、馬榮成為代表的新一代漫畫家的崛起，意味着這個時代已經開始。

應該說，鄭家鎮在二十世紀九十年代初期寫下的《香港漫畫春秋》，不僅是他個人經歷的陳述，在很多問題上，他是在為香港早期漫畫作概括性的歷史總結。以二十世紀七十年代為歷史分界線的香港漫畫在新時代以近乎全新的面目投入社會，並獲得了成功。但應當指出的是，香港早期漫畫不會因為新時代的成就而黯然失色，它將會驕傲地樹立在歷史文化的史冊上。那些對香港文化有貢獻的人，無遠弗屆，都值得我們尊敬和緬懷，因為無論時代怎樣變化，社會潮流如何變更，一種文化是不會莫名其妙地冒起的。我們訴說歷史不光是懷舊，而是對今天文化的加深認識。沒有過去，就沒有今天，也就不知道明天。

鄭德華

2018 年 4 月 17 日

# 前言

　　香港漫畫，有資料可稽，始於清末之何劍士、鄭磊泉兩先生，他們的作品發表於當時的報刊，距今已有一百年了。

　　本書便以兩先生的史略開始，上溯我國歷代漫畫作品。漫畫創作，代有其人，時代不同，風格自異。

　　漫畫可分為兩大類別：時事漫畫，是有關國際大勢，政治局面，反映大時代之作；社會漫畫，是反映社會百態，針砭時弊，反映小市民生活，小中見大，笑中帶淚，或是沒有甚麼積極意義，只堪解頤，會心一笑。

　　本書是香港漫畫發展的記錄，是就個人的經歷所得的資料而寫就，可能並不全面，只提供香港漫畫發展的過程，以及幾項主要的漫畫活動的一些記錄，其主要年代是三十年代末期以至八十年代。前輩畫家播下了種子，萌芽，茁長，遍地開花，塑造了香港漫畫有地方色彩的特殊風格，在世界畫壇上獨樹一幟。

　　從本書提供的資料，可以看到香港漫畫是不斷地發展，不斷地吸收傳統與外國的養料來豐富自己；反映了辛亥革命、列強侵凌、軍閥割據、抗日戰爭等不同時期的社會矛盾和藝術特色。

# 中國漫畫源遠流長

## ——敦煌石窟已有漫畫

在談香港漫畫歷史之前，讓我先談"漫畫"是甚麼畫種。漫畫屬於新興的畫種，但在中國繪畫史上，早已隱隱看到一些發展的痕迹。

誠然，"漫畫"這詞是豐子愷先生在二十年代留學日本時帶回來的。在此之前，這類畫事實上早已存在的了。辛亥革命前後，漫畫已開始發展，基地是在上海。它的名字是"諷刺畫"、"諧畫"、"時事畫"，直到"漫畫"這名字出現了，便把這些名字統一起來。

漫畫在我國由來久遠。畫家們生長於動盪時代，眼看了許多不平事，遂作不平鳴，以筆伐之，利用誇張手法來突出主題，揭露醜惡，針砭時弊；或以諧趣手法出之，然往往笑中有淚。

漫畫應分形象與意識。有一些只具漫畫之誇張形象而有漫畫諷刺意識者，並不是漫畫。漫畫是意識為主，從而以誇張甚至變形的手法來表達形象，而形象必要服從意識，不能作無意識的誇張。

---

圖 1
敦煌涼窟壁畫。

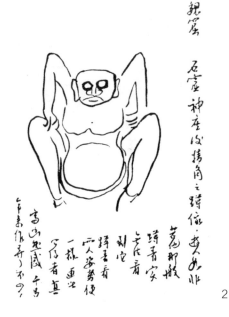

親窟

石室 神座侵損角之蹲像，其头形非
菌那般
蹲香實
不若看
刻他
蹲画看
穴人姿勢便
一樣重呕
不像看真

高山老國千年
年来作者了不？

2

具有漫畫之概括誇張手法之繪畫，我國早已有之，敦煌之壁畫，南宋梁楷之人物畫，形象誇張，可博一笑，但後者有漫畫造型，而沒有漫畫意識。嘉峪關魏晉墓的磚畫，也有類似的例子。

現藏北京故宮博物院的宋人無款"大儺圖"是風俗畫，也是我國最早具有漫畫形象的作品。畫中人穿着奇裝異服，帽子插着花枝，或竟有用筲箕、米斗或用紙摺成帽子戴在頭上，手拿着帚子、扇子、檀板……跳舞，面上也畫了花紋。他們作稀奇古怪的舞姿，這是慶豐收，驅除厲疫的民間風俗，口作儺儺之聲。

3

4

圖 2
魏窟石窟神座後轉角之蹲像。
圖 3
南宋梁楷之"寒山拾得"。
圖 4
魏晉墓磚畫。

5

　　這一幅宋代的"大儺圖"，可說是我國的早期漫畫，變形與誇張兼而有之。

　　中國漫畫溯源，有漫畫形象與意識的當推明末清初的八大山人。他筆下的鳥，都是只得一足的，站在石頭上的孔雀，石是尖的，顯然是站不穩，孔雀頭上是懸崖，崖石是尖如刀鋒。那兩隻孔雀拖着翎子是象徵滿清的統治者，站不穩，還隨時有殺身之虞。

　　八大山人的山水，從不寫人物，是表示江山非我

6

圖 5
"大儺圖"的一個人物。
圖 6
明末陳老蓮之"歸去來辭"。
圖 7
清初八大山人之"孔雀"。

7

8

9

圖 8
清代羅聘之"鬼趣圖"。
圖 9
清代黃慎之"家累"。

10

11

圖 10
清代黃慎之「有錢能使鬼推磨」。
圖 11
清代蘇六朋之"盲人博古圖"。

12

主。石濤山水之人物寫得較大，不合比例，入不得
屋，若在房中，如站起來，便頂穿屋瓦，是暗示我們
穿明裝的還是江山的主人。這不是漫畫意識嗎？

　　明末陳老蓮的人物畫，造型奇古，有漫畫的變形
誇張，但沒有漫畫意識。

　　清乾隆年間，揚州八怪的人物畫，便有不少具有
漫畫造型與意識的。如羅兩峯的"鬼趣圖"，便是利
用鬼來諷刺當時社會的不平現象。在異族統治之下，
不能直接地諷刺時弊，便得假借別的形象。八大之
鳥，羅兩峯之鬼也是如此。曾於故宮見之金冬心"鬼
趣圖"，寫林中鬼魅，寓意鬼魅無所不在，這已有漫畫

鎖上加封

13

圖 12
丁悚之“當面與背後”。
圖 13
丁悚之“鎖上加封”。

意識；黃慎之 "家累" 與 "有錢能使鬼推磨"，漫畫風格更成熟了。清道光年間廣東畫家蘇六朋之人物畫 "羣盲博古圖"，寫一羣盲公在欣賞古玩字畫，以手以耳代眼，諷刺世上許多鑒古家，信口雌黃，直與盲公無異。這些都可以說是我國漫畫發展的一塊里程碑。

漫畫是畫家的不平鳴，中國畫家以中國畫的傳統技法為基礎，西洋畫家用他們的西畫技法，雖然畫風不同，意識則一。

辛亥革命前後，歐風東漸，上海吸收西方文化比各地早。大動盪時代，漫畫題材多了，畫家們在中國技法基礎上更吸收了我國的誇張變形手法，漫畫運動於是蓬勃地展開了。二十世紀一二十年代，上海漫畫家有：錢病鶴、馬星馳、沈泊塵、丁悚、張聿光、張光宇、但杜宇、何劍士……等。

# 何劍士

## ——香港第一代漫畫家

何劍士（1879—1915），廣東南海人，是我國辛亥革命時代的漫畫家，更是香港漫畫界的拓荒者。

他年青時曾在四川隨某寺僧習劍術，遂自號“劍士”。他放蕩不羈，後來目睹滿清政治腐敗，民不聊生，遂發奮立志，熱衷革命。他先後創辦了《時事畫報》與《真賞畫報》。作品發表於上海、廣州、香港各大刊物，吸收了外國漫畫的表現手法，而以中國文物畫筆法出之。

他性格不羈，常是晝夜顛倒，借酒澆愁，染上了肺病。一天正擬提筆作畫，倦極睡去，醒來發現滿頭白髮，自知不起，寫了一幅漫畫，多頭蜘蛛集於網中，未完成便吐血身亡。

何劍士是漫畫的英才，惜天不假年，但他已在我國漫畫壇中起了很大的啟發作用，尤其是在香港的畫壇，他是拓荒者。

14

15

圖 14
何劍士之 “小磨香油”。
圖 15
何劍士之 “乘虛而入”。

# 鄭磊泉的《人鑒》

## ——香港第一本漫畫集

何劍士去世後之翌年，1916 年，廣州畫家鄭磊泉（約 1845 — 1919）應香港梁國英藥局之邀，來港繪《人鑒》畫冊。

梁國英初致力於畫報出版，後發展藥業，但念念不忘畫報業，於是出版《人鑒》，以代理之藥品廣告收入支持出版，並從廣州禮聘鄭磊泉南來精繪漫畫，題材皆警世及有益世道人心之作。文章執筆者有何恭第等名家。

鄭磊泉工作了兩年，寫了一百九十餘幅漫畫，1918 年完成。《人鑒》於 1920 年出版時，磊泉已於前一年去世，未及見該畫冊面世。

此書可以說是香港第一本漫畫集，也是開廣告支持出版物的先河。內容除了鄭磊泉作品之外，還有何劍士的作品，是他的遺作；還有當年文壇知名之士，如何恭第等作序，並撰警世詩文。

在《人鑒》畫冊中，鄭氏作品皆一題數幅，每一幅皆圖文並茂，開了風氣，後之畫家多沿用之，或一幅之中，不規矩地畫分若干幅，對一題目作面面觀。

鄭磊泉與何劍士的畫皆以中國人物畫筆法出之，

如造型誇張，構圖多匪夷所思，既有漫畫造型，復有漫畫意識，已成為完整之漫畫。香港漫畫由他們兩位開始。鄭磊泉去世時，年逾古稀。

清末民初，歐風東漸，何、鄭兩人身處於香港，接受西方文化是意料中事。而誇張、變形、代入等手法，早在十八世紀，法國的杜米埃也採用了。杜米埃的年代與我國的黃慎、羅聘相若，這也說明了不同國家的畫家有相同的特性：不平則鳴。

何劍士的"小磨香油"，是一幅成功的作品。清朝的統治者把人民作為榨油的對象，一人把人民倒進了石磨中，另兩人在推磨，把人民磨成了油，漏進了外國人的斗裏。這幅漫畫雖然簡單，但人們都看得懂，深入淺出，以芝麻代表了"民"，石磨是"政府"，磨出來的是香油，漏進了上有"外國"兩字的斗裏。

另一幅"乘虛而入"，圖中有中國地圖，圖上畫着兩人，身有"政黨"兩字，後面有兩巨手，把人頭按定，使他們面對"乘虛的魔賊"，這些魔賊正張牙舞爪，從天而降。畫面十分明顯地表現了老百姓的巨手按着政黨的頭顱，使他們面對魔賊的威脅，不要自相殘殺，否則會引起魔賊們乘虛而入。這些魔賊的造型是妖怪，但也似是外國人。

---

圖 16
鄭磊泉之"新官鑽之趣畫"。

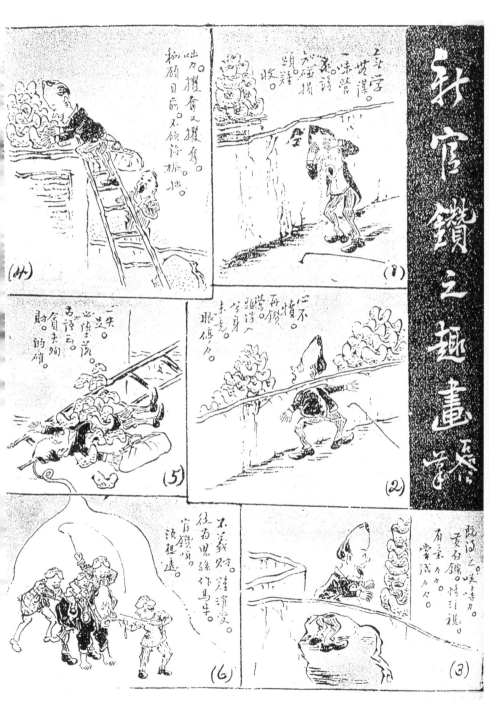

鄭磊泉傳世之作比何劍士多，享壽比何高。

"新官鑽之趣畫"署名"磊公"，是諷刺貪官終日鑽研，為的是金錢。第一幅："無學無求，一味營求，誰知碰損頭，難收。"第二幅："心不憤，再鑽營，頭得入兮身未竟，眼停停。"第三幅："既得之，笑嘻嘻，黃白鏹，惟注視，有意有意，當試試試。"第四幅："咄咄，攫奪又攫奪，祇顧目前，不顧後橛，拙。"第五幅："一失足，必墮崖，古語云，貪夫殉財，的確。"第六幅："不義財，難消受，徒為兒孫作馬牛，官鑽呀，須想透。"每一幅漫畫多配以文字說明，這是鄭磊泉作品之特點。《人鑒》逾二百幅漫畫作品，也多如此。

鄭磊泉也是國畫家。在《人鑒》中，有國畫仕女四幅。如：娥皇女英、姜詩婦、關盼盼、綠珠，都是傳統的中國畫仕女，是清初費曉樓風格，每一幅皆由名儒何恭第題識，這些畫以中國傳統人物畫筆法加以誇張變形，突出主題，創我國第一代的漫畫風格。

"喻言"這一組漫畫，更是寓意深遠。第一幅"1A"："此瓜內容穩固，團結如金剛石，雖施以利刃及加以壓力，亦難分割。"圖中多把刀子剖瓜，剖它不開。另一大錘高懸其上，一人執繩。"1B"大錘重

---

圖 17
鄭磊泉之"喻言"。

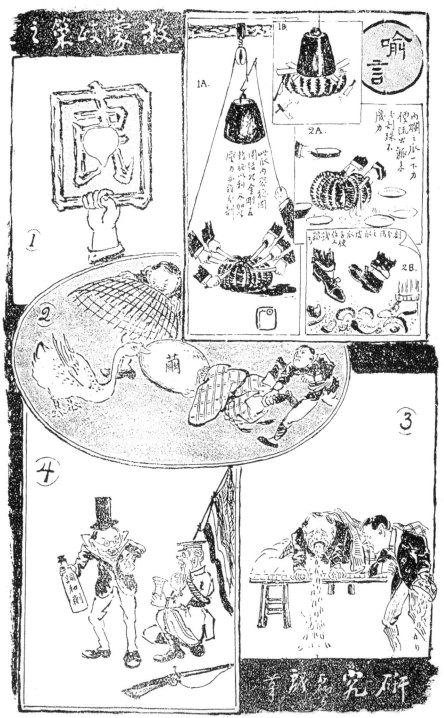

壓之下，瓜仍難動絲毫。"2A"："內爛之瓜，一刀便流出瓤來，分割殊不廢力。"瓜之旁，還放置了多隻碟子，是寓意列強將要把瓜分割後，每人嘗它一角。"2B"："割分後之瓜皮、瓜子，便任人殘踏了。"

這一組漫畫寓意十分顯，是諷刺當時之政府。如組織鞏固，發奮圖強，國勢穩固，任何外侮都入侵不得；假如內部腐敗，便給列強瓜分。瓜分之後，吃過了瓜瓤，更把瓜皮、瓜子任意踐踏。

何、鄭兩人的時事漫畫，在當年起了很大的發聾震瞶之作用。

自鄭磊泉後，報刊亦常見漫畫，但作者其名不彰，多是電版公司之畫師所繪。

在那時代，歐風東漸，漫畫已漸受西方影響，採用了西方的表現方法，畫面也多變化，不若前一代黃慎、蘇六朋那麼直接。何劍士畫中以"鵝"代表了俄羅斯'，以"鷹"代表了英吉利，但筆觸還是中國人物畫的，即如前一代，以中國畫的筆法來寫漫畫。這風格一直維持到三十年代。

三十年代以後，中國漫畫顯著地受了外國影響，除了少數幾位畫家仍用中國畫法，大部分受了外國影響。影響中國畫壇最深的是英國的大衛·羅、德國的佐治·格羅斯、南美的科伐羅彼斯。初是影響了上海畫壇，繼而香港一部分漫畫家，也受了他們影響。直到七十年代，日本漫畫才開始影響了香港畫壇。

# 《總動員畫報》《挺進漫畫》

## ——香港第一份漫畫期刊

中國漫畫的源流，可以上溯到魏晉墓磚畫。它的概括簡約略帶變形誇張筆觸，便是漫畫的技法。中國漫畫，正是沿這一條路線前進，可說是代有其人，然而到了八大、石濤、黃慎、羅聘、蘇六朋時期，才得到較大發展。到了辛亥革命前後，通商口岸有外國租界，畫家們漸漸吸收了外國漫畫的表現方法，漫畫運動更加蓬勃起來了。

中國文化是由北而南的，漫畫也不例外。不能諱言，自三十年代以後，穗港漫畫風格是受了上海影響。1934年，上海出現了許多漫畫雜誌，風行全國。

在此之前，即二十世紀初，也出現了許多傑出漫畫家。沈泊塵創辦了《上海潑克》，當時英國有一本幽默雜誌，*Punch*。"潑克"乃"punch"的譯音。這可說是我國最早的漫畫刊物。吳友如的《點石齋畫報》風俗畫較多，漫畫意識較少。

三十年代，《時代漫畫》、《漫畫生活》、《獨立漫畫》、《上海漫畫》、《漫畫界》……陸續出版，港穗皆可以買到，影響所及，年青人學習漫畫漸多，投稿上海漫畫刊物亦漸眾，這種風氣，尤以廣州為盛。當年為上海漫畫刊物長期撰稿者有潘醉生、李凡夫、李鵬、廖冰兄、吳神符……廣州漫畫活動受了上海影響，也蓬勃展開了。

廣州第一份漫畫刊物是 1934 年出版的《半角漫畫》，由葉因泉、李凡夫主辦。1939 年，《廣州漫畫》月刊出版了三期。後來廣州戰局吃緊停辦了。一部分畫家撤退到大後方；另一部分到香港來，掀起了香港漫畫活動。

二三十年代，香港各大報章都有漫畫刊登。雖然何劍士、鄭磊泉去世之後，漫畫沉寂一時，後來，各報的漫畫開始漸有佳作，他們都不是專業畫家，多是電版業的美術工作者。當年商品廣告，多是由電版店繪製的，因此電版店多有美工人員，他們因利乘便，投稿於報章。可惜他們多是無名英雄，但使香港漫畫活動一直得以維持，厥功至偉。

1934 年《工商日報》有"漫畫週刊"，可說是香港報章最早的漫畫週刊。作者有陳以青等。他可說是鄭磊泉後另一位出色的漫畫家，但相距已有十多年了。

另一位出色的漫畫家是黃鳳洲。三十年代中期，他任梁國英藥局的廣告設計，他的廣告便有漫畫品味，風格獨特。

1938 年，廣州的漫畫家來港寄居者眾。李凡夫、黃幻鳥、林檎、潘醉生……都來了。他們為各報寫漫畫。而上海的漫畫家也多來了，出現了南北漫畫家

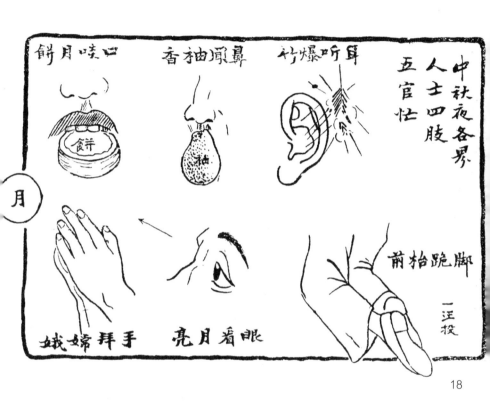

圖 18

螢堂之"中秋拜月 四肢五官忙"。

香港下等社會之生活

大笪地之茶檔

中環之謂食街勞働男之大酒店也。上環之大笪地勞働男之俱樂部也。歡觀若輩之生涯，於此可見一班。□麗記

街食譜

19

大聯合的偉大場面。其時戰局吃緊，上海的漫畫刊物都停刊了。

原是主編《時代漫畫》的魯少飛，在港出版了《總動員畫報》週刊，一起工作的還有黃鼎、張諤、林璟。這是香港第一份漫畫週報，編輯部設於中環街市租卑利街一座樓宇的二樓。以抗戰為主題，當年留港的漫畫家都是週刊的作者，內容十分充實。

我則出版了《挺進漫畫》月刊，這可說是香港第一本漫畫刊物，惜乎經過了淪陷，資料已無存了。

圖 19
麥少石之"香港下等社會之生活"。

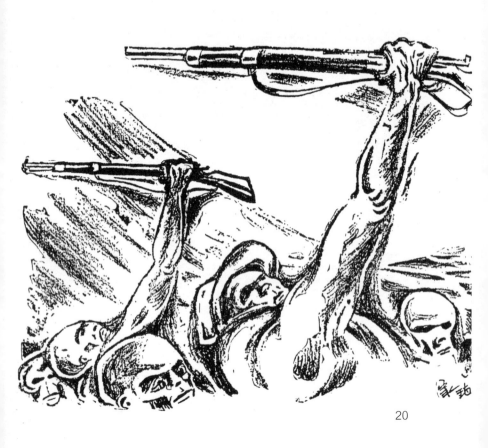

20

圖 20
鄭家鎮設計的《挺進漫畫》
封面之一。

# 堅道十三號 A

## ——全國漫畫作家協會香港分會

1937 年 7 月抗戰爆發，戰火延及上海，上海漫畫家一部分遯返大後方，一部分南來香港。南來者有張光宇、張正宇、葉淺予、胡考、丁聰等多人，他們租住了堅道十三號 A。

這是一層舊式樓宇，前臨阿畢諾道，堅道是後門，進門便是三樓，這是因堅道地勢較高之故。今天，這房子早已拆建大廈了。

房子面積很大，屬半山區，窗外便是維多利亞海港，客廳寬廣，正好作為畫室。

全國漫畫作家協會香港分會成立後，十三號 A 成為漫畫家們聚首之所，也成為文藝界人士活動場地。記得當年胡風先生便曾蒞會演講 "民間形式與民俗形式"，茅盾、葉靈鳳、戴望舒諸先生也常到會。

漫畫家有了會所，經常舉行座談會，並籌備畫展。"現代中國漫畫展" 便是在此組織的，大部分作品也是在會所中完成的。

漫畫家多是自學成功的，工作之餘，還得補課，常僱男女模特兒在會所中作素描。

這會所，直到香港淪陷，畫家離港而結束。

今天，當年的漫畫界朋友訪港，常到舊址看看，舊樓已拆建了，再無遺迹可尋，但大家對當年這個有"漫畫俱樂部"之稱的堅道十三號 A，不勝懷念。

這地方，可以說是香港漫畫的搖籃、是南北畫人集會之所，經常在此討論畫藝，討論創作問題。今天，想找這麼一個地方已不容易了。

# "現代中國漫畫展"

## ——香港漫畫第一個高潮

　　1939 年 5 月 7 日至 10 日，由全國漫畫作家協會香港分會主辦的"現代中國漫畫展"開幕了。地點是皇后大道西中央戲院地庫，掀起了香港漫畫的第一個高潮。

　　這個漫畫展，是香港有史以來的第一次漫畫展，而參展作者都是全國知名漫畫家。他們都是從上海、廣州等地為了戰事日亟而南來香港的，陣容之盛，可說是空前。展出之前在中華中學舉行預展，招待記者。

　　以全國而言，這漫畫展可說是全國的第二次。第一次是 1934 年全國漫畫展，巡迴展時曾在廣州禺山中學展出，廣州畫家參展者有李凡夫與廖冰兄等。

　　"現代中國漫畫展"展出不過四天，參觀人次竟有三萬。當年那本場刊是我編印的，印了一萬本，想不到一天多一點便分派完了。會場觀眾川流不息，盛況空前。原因大概是中國畫展看得多了，漫畫展卻是第一次，何況全是以抗戰為題材的，當時戰爭正吃緊，抗戰熱情，如火如荼，這一個激勵人心的畫展，好評如潮。

　　每一位作者選作品兩幅，是用白扣布畫的，同一尺碼，都是彩色的，是漫畫，也是宣傳畫。參展的畫家，一部分是從上海來的全國知名的漫畫工作者；一部分是從廣州來的，更有三數位是香港的。這一次畫展可以說是南北大聯合，因為場地問題，每人只能展出兩幅，大家都悉力以赴，精心畫出代表性作品。

參展的畫家有三十多位：葉淺予、張光宇、張正宇、魯少飛、丁聰、胡考、特偉、黃苗子、郁風、陳烟橋、陸志庠、余所亞、黃鼎、張諤、林璟、黎冰鴻、李凡夫、鄭家鎮、林檎、任真漢、陳憲錡、黃幻鳥……每一位畫家風格不同。這一次展覽，可說是漫畫的總檢閱。

林檎在畫展後曾著文紀事："……在香港能夠在四天有三萬人去參觀，可以加上‘破天荒’這形容詞了。而且，參觀者還是真真的大眾，拖木屐的小販，拖鼻涕的孩子……教育別人也同時教育自己，展覽會後大家都非常平心靜氣地開自我檢討會，意識和技巧的錯誤都在這裏被指出了，這一種覺醒的鬥爭精神，是從砲火中得到啟示與 煉才有的表現……。"從這一篇短文中，可以看到當時畫家們的創作態度多麼嚴肅與認真，在畫展前後一段時間內的每逢星期六都舉行座談會，進行檢討，互相提高水平。

在這一次展出之後，還在香港大酒店二樓舉行了一個小型的漫畫木刻展，外國人士參觀者甚眾。

三十年代，上海漫畫家到了香港來，產生了很大的

21

22

圖 21
漫畫工作者之一羣。由左起：任
真漢、葉淺予、陳崎、李凡夫、
陳憲錡、鄭家鎮、陳烟橋、黎冰
鴻、余所亞（坐）。攝於 1939
年 "現代中國漫畫展" 會場。
圖 22
"現代中國漫畫展" 會場觀眾擁
擠情形。

影響力，這兩次畫展，帶起了香港的漫畫運動。香港的報章，雖然在副刊中常有漫畫，但作者組織起來舉行專題漫畫展實是首次。這使觀眾知道漫畫並不僅是在報上引人一笑的東西，而是有能力表達嚴肅題材的一面。"現代中國漫畫展"便是以抗戰為主題，但也限於政治氣候，不能太尖銳。儘管如此，展出的作品，已足以振奮人心，畫家也自覺盡了筆誅墨伐的責任。

此畫展本以抗日為名，也為了英國與日本有邦交，不欲過分刺激日本，才定名為"現代中國漫畫展"。

23

圖 23
張正宇之 "守土有責"。
（"現代中國漫畫展" 作品）

24

25

圖24
黎冰鴻之〝我們只有一條
路──鬥爭〞。（〝現代中
國漫畫展〞作品）

圖25
葉淺予之〝光榮的負傷〞。
（〝現代中國漫畫展〞作品）

26

27

圖 26
鄭家鎮之“鐵路游擊隊”。
（“現代中國漫畫展”作品）
圖 27
丁聰之“游擊三代”。（“現
代中國漫畫展”作品）

# 魯迅紀念晚會

## ——畫家合繪巨幅畫像

　　1939 年 10 月，香港文協與漫協聯合舉辦魯迅紀念晚會於香港大學陸佑堂。漫畫家在堅道十三號 A 漫協會所合繪魯迅畫像。晚會之夕，懸掛於會場當中主席台上。

　　出席紀念晚會者，有文協、漫協之作家與畫家：夏衍、葉靈鳳、戴望舒、葉淺予、黃苗子、郁風、張光宇、張正宇、黎冰鴻等，電影界名演員李綺年也出席了晚會。

　　晚會餘興，由黎冰鴻表演口技。

28

圖 28
魯迅紀念晚會之魯迅像（張光
宇、丁聰、葉淺予、張正宇、
郁風完成畫像後合影）。

# 人間畫會的一連串畫展

## ——"重慶行""西遊漫記""貓國春秋""西北速寫""風雨中華"

香港漫畫史上的第二個高潮，是 1945 年香港光復後。戰時返回大後方的漫畫家，陸續返抵香港來。由版畫家黃新波發起，組織了人間畫會。參加的漫畫家有張光宇、特偉、米谷、丁聰、廖冰兄、沈同衡、張文元、黃茅、余所亞、方成、游允常、戴英郎、陳雨田等，並成立了漫畫研究部，出版了《這是一個漫畫時代》、《反扶日漫畫》。當時是 1946 年。

人間畫會在 1946 至 1949 年間，先後假德輔道中爹核行（即今之永安集團大廈）宇宙俱樂部舉行多次畫展，計有：葉淺予的"重慶行"、張光宇的"西遊漫記"、廖冰兄的"貓國春秋"、陸志庠的"西北速寫"，還有張光宇、陳雨田、廖冰兄與木刻家黃新波、梁永泰的"風雨中華漫畫展"，掀起了香港漫畫活動的第二個高潮。

葉淺予的"重慶行"是中國畫風格。香港淪陷後，葉氏返到了大後方重慶，其時適張大千先生亦在重慶，兩人時在一起。葉淺予的國畫"重慶行"便是這時候的作品，描寫戰時重慶生活。

勝利後，葉氏應美國國務院之邀，赴華盛頓舉行"重慶行"畫展，返經香港，遂作為人間畫會第一個畫展，展出於爹核行宇宙俱樂部。

"重慶行"是大斗方，以戰時重慶生活為題材。

張光宇之"西遊漫記"完成於重慶，也是以戰時大後方為題材，借古諷今，畫面極富裝飾趣味，賦彩鮮明，頗受敦煌壁畫影響，人物造型精妙，乃張氏不朽之作。近年有單行本面世。

廖冰兄的"貓國春秋"，是借物喻人，也是描寫戰時大後方的黑暗面。其中有幾幅寫知識分子的悲慘生活，如"教授之餐"以書本為糧食。

八十年代，廖冰兄曾在港舉行創作五十年漫畫展於三聯書店展覽廳。除了一部分"貓國春秋"舊作之外，還添了不少新作，如 1957 年之"贈教條主義諸公"；如 1979 年之"噩夢"都是組畫，是飽經憂患之作，後來又再移師澳門展出。

陸志庠的"西北速寫"展。陸志庠是三十年代的漫畫家，初時受德國的佐治·格羅斯影響，作品於《時代漫畫》、《上海漫畫》等刊物上發表。

他的速寫有很強烈的個人風格，是用毛筆寫的。他的西北老百姓造型，穿着寬大的棉襖，束着褲腳，使人印象甚深。他是個天真，童心未泯的人，是個聾子，口舌也不大清楚，但為人忠厚、梗直、風趣，他的速寫，功力深厚。

29

30

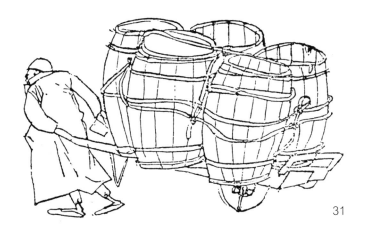

31

　　至於"風雨中華"則是漫畫與木刻的展覽。黃新波、梁永泰都是我國第一代木刻家，兩人風格近似。黃較豪放，而梁則較纖麗。

　　黃、梁兩人已謝世多時，梁是在誤會中死於非命的。

　　這幾個畫展，可說是掀起了香港漫畫第二個高潮。《這是一個漫畫時代》，是在這個時期出版的，執筆者有光宇、冰兄多人。

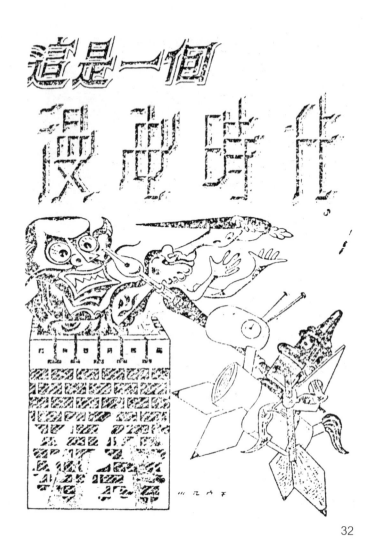

32

圖 32
張光宇設計之《這是一個漫
畫時代》封面。

# 《漫畫世界》出版了

## ——一羣漫畫家合作的成果

1949年，新中國成立，留港的漫畫家返國去了。多是返到原籍去，光宇、正宇、特偉、丁聰、張文元……返上海；糜文煥返蘇州，廖冰兄、潘醉生返廣州；只有我與凡夫本是從廣州來的，都留在香港。其時黃幻鳥已因肺病死了，黃鳳洲進了《文匯報》工作，退休後返廣州進文史館。黃苗子、郁風從台灣路經香港返北京去。

香港漫畫活動雖然又沉寂了些時，但到1959年《漫畫世界》半月刊出版了，香港漫畫活動又掀起了高潮。《漫畫世界》出版了四十多期，就中國的漫畫刊物而言，可算是長壽的了。

《漫畫世界》是多位志同道合的漫畫工作者，共同組織的。每一位參加者股本五百元，參加組織的是李凡夫、李凌翰、李青、陳子多、區晴、黃墅、黃蒙田和我。少少的資本，支持了四年多，為了紙價高漲，成本昂貴終於要停刊，但也出版了四十多期，自力更生，支持了這麼久，可算是奇蹟。在這一段日子裏，《漫畫世界》還舉辦了漫畫比賽，發掘了一批新

33

的漫畫工作者；又舉行了漫畫展覽，對香港漫畫活動

起了作用。

　　《漫畫世界》的執行編輯是麥正、李聲祥。

---

圖 33

鄭家鎮之"太平山下"。

# 《漫畫世界》主辦的活動

## ——漫畫比賽　漫畫展覽

《漫畫世界》月刊於 1961 年 2 月 27 日、28 日及 3 月 1 日假花園道聖約翰教堂舉行漫畫展覽。

香港第一回漫畫聯展是 1939 年的"現代中國漫畫展"。《漫畫世界》之漫畫展，可以說是香港有史以來的第二回漫畫聯展。第三回是翌年由《星島日報》主辦於大會堂八樓舉行之漫畫展。第四回漫畫聯展是 1980 年由香港漫畫研究會主辦之香港漫畫作品大展，地點在香港藝術中心。

從這四個漫畫聯展中可以看到了香港漫畫藝術的發展。在四十年間，湧現了許多年青的新作者，也有三數位老作者，一連參加了三回，他們的風格和發展路向亦可從畫展中尋到踪跡。

這期間，以《漫畫世界》舉辦之漫畫展觀眾最多，三天統計共一萬八千名觀眾。觀眾常要排隊等候進場，因為場內觀眾太擠了，無插錐之地，待有觀眾離去了，才可以進場。

《漫畫世界》之漫畫展，除該刊物的基本作者外，還有一批新畫家，是前些時《漫畫世界》舉辦漫畫比賽的得獎者鄧積健、王司馬、香山阿黃等畫壇新血與

34

老畫家共三十餘人。作品有一百二十多幅。國畫家黃般若、陸無涯也來湊興，以國畫筆法寫漫畫。

展覽場中最矚目的是兩幅二十多位作者合繪的漫畫。中國畫家合作畫多了，漫畫家卻鮮見，其一是"人間萬象"，另一幅是"悶葫蘆"。

作品以反映社會百態為主題，使觀眾倍感親切。每一位畫家都有他的個人風格，有以西洋畫、國畫、版畫融匯於漫畫中，使展覽更多姿多彩，也開了漫畫的新風氣。

---

圖 34
漫畫展參觀者眾。
圖 35
"人間萬象"合作畫。

35

36

作者有李凡夫、鄭家鎮、陳子多、李凌翰、包衛
爾、李流丹、袁步雲、關山美、李鵬、宋三郎、胡樹
儒、王澤、李瑜、歐陽乃霑、東明、麥正、霞之、施
蓓蕾、吳浩昌、黃鳳簫、鄧積健、鄭應章、梁一青、
黃思濠、黃山、許冠文、黃般若、陸無涯、詹秋風、
李聲祥、丁陀、陳魯歷、寒飛、李墨、才戈、甘日、
清靈等三十餘人。

參觀者有不少影藝界朋友：何非凡夫婦、白茵、
陳綺華、梅蘭、呂錫貴、王鏗、李晨風等。

有許多觀眾，每天都來參觀。這次展覽可說是盛
況空前，與二十多年前的"現代中國漫畫展"不遑多
讓。大抵是因為漫畫是接近羣眾的藝術，是深入淺

---

圖 36
參加漫畫展的一羣作者。由左起：
李聲祥、麥正、李凌翰、黃鳳簫、
鄭家鎮、李凡夫。

出，針砭時弊，寫出老百姓心聲的繪畫，比一般畫種更能激起共鳴，甚至有代入感。另一個原因是一般繪畫展覽有的是，而漫畫展卻是多年來才有一次，距"現代中國漫畫展"已有多年了，觀眾有新鮮感，何況參展畫家的作品，常見於各大報章，今天能得見原作，及親見其人，機會便不能放過了。因此展覽期中，觀眾擠得水洩不通。不少觀眾還要求與作者在他的作品之前合攝照片，以留紀念。

翌年《星島日報》之漫畫展，是以該報漫畫版之作者為基礎，一部分作者也是《漫畫世界》漫畫展之作者。

# 漫畫雅集

《漫畫世界》半月刊，除了舉辦漫畫比賽、漫畫展覽之外，曾於中華總商會九樓舉行造像晚會，邀請女明星造像。又多次舉行書畫雅集於宇宙俱樂部，除漫畫家外，書畫名家也多蒞會。鄧芬、楊善深、劉醴平、梁伯譽、黃般若都曾參加雅集，即席揮毫、吟詩、聯句。

鄧芬寫了一幅"乞婦"，是他赴會時，在路上所見，印象深刻，抵會便即席揮毫。鄧芬擅寫美女，這一幅"乞婦"卻饒有漫畫品味，表情動作皆作適度的誇張。鄧芬寫美人多矣，寫乞婦可能是第一次。也是為了參加漫畫刊物主辦之雅集，他遂以漫畫應命，成為藝壇佳話。

那年代，書畫界雅集不常有，《漫畫世界》以漫畫機構主辦書畫雅集，更不尋常。參加者還有電影界的朋友，濟濟一堂，濡筆揮毫，逸興遄飛，並舉辦造像晚會。

---

圖 37
李凡夫之"戲人漫像"。

戲院人受歡迎像

李凡夫

任劍輝

張瑛

仙鳳白

陳娟娟

吳君麗

梅蘭

何非凡

37

# 長篇漫畫拍電影

## ——《王先生》《何老大》《大班周》《細路祥》
## 《烏龍王》《老夫子》……

在二十年代，香港報章已刊登漫畫，稿酬每幅五角。三十年代後期，每幅一至三元。當年一般白領階級月薪平均是五十元。這是 1939 年某律師樓的統計數字。一個月的伙食是六塊錢，報上能刊出漫畫兩幅，一個月的生活費便有着落了。至於長篇漫畫，約三十塊錢一個月。這要看作者名氣與報紙經濟條件而定，四十年代稿費單張是十元。

三十年代以來，本港大部分報章都刊有長篇漫畫，有李凡夫的《何老大》、《大官》、《肥陳》；雷雨田的《烏龍王》；司徒秩的《豆皮三姑》；楚子的《大班周》、《張小三》、《撈仔》、《牛公》；廖冰兄的《阿庚》；袁步雲的《細路祥》、《沙陳超》、《柳姐》；許冠文的《財叔》；方成的《康伯》；李凌翰的《大隻廣》、《吉叔》；區晴的《太子德》；董培新的《波士》都擁有很多讀者。大部分都出版畫集，且有不少拍成電影，如《何老大》（高魯泉主演）、《烏龍王》（梁醒波、羅艷卿主演）、《大班周》（張瑛、劉桂康主演）、《細路祥》（李小龍主演）……。

以漫畫人物作為電影題材的，首推葉淺予的《王先生》（湯傑主演），是上海出品，及張樂平之《三毛流浪記》。

# 香港漫畫研究社主辦的三個漫畫展

1978 年秋，香港浸會學院傳理系一班同學，曾經做過一個有關香港漫畫家的訪問，訪問對象有老、中、青三代的漫畫家，既獲得了個人的資料，更憑着這一條線索，瞭解香港漫畫的發展。

浸會學院林年同先生支持同學的活動，同學就訪問所得，加以整理，以此為基礎，由楊維邦、黃紀鈞、袁一木、馬龍⋯⋯等十五位年青漫畫家組織了 香港漫畫研究社，目的是推動及介紹漫畫藝術，組織及籌辦有關漫畫的學習、創作及交流活動，並於 1981 年初在香港藝術中心舉辦了 "香港漫畫作品大展"。

"香港漫畫作品大展" 作者共四十三位，是香港漫畫展作者最多的一次展覽，是老、中、青的結合，並出版了《香港漫畫家簡歷》。這是一本資料十分豐富的小冊子，參展的四十三位畫家各有作品三數幅作品，並刊有畫家的簡歷，可以說是香港漫畫發展的一本記錄。

今天，這四十多位畫家，一部分已移居外國，再來一次聯展似已再沒有可能了。這次展覽可以說是漫畫運動的一個歷程碑，有總結過去啟發未來的意義。

參加展覽的作者有：方亮、司徒庸、伍尚鈞、李思本、李南嬰、李凌翰、李惠珍、李瑜、杜琛、吳金鴻、吳浩昌、吳漢源、阮大勇、金東方、青峯、林重傑、林檎、香山阿黃、洪流、胡樹儒、袁一木、袁步雲、馬拉、除取趣、許冠文、麥正、莊哥、尉遲橫、陳子多、黃紀鈞、黃仁達、郭兆明、馮元熾、區晴、雷志良、董培新、榮念曾、鄭人、鄭家鎮、魯夫、綠雲、盧啟源、嚴以敬共四十三位，是歷屆漫畫展中作者最多的一次，也標誌着自二十年代以來，香港漫畫的發展，作者陣容的壯大。

香港漫畫研究社組成之後，積極展開活動，先後於1985年在香港中文大學邵逸夫堂舉辦了“李凡夫漫畫作品回顧展”；1988年12月至1989年1月在香港藝術中心舉行了“鄭家鎮漫畫五十年回顧展”，並出版了《漫畫通訊》。

“李凡夫漫畫作品回顧展”的舉行，距離他逝世已有十八年。他的作品搜集也不容易，一部分是他在報上發表的原稿，一部分是他參加漫畫展覽的舊作，是用粉彩繪製，具有很濃厚的裝飾美，着色頗受敦煌壁畫影響。展會出版了場刊，有多篇他生前友好的文章，如任真漢、梁晃、源克平，都是他的好友，也先後去世了。紀念文章還有黃蒙田、盧瑋鑾、施仁、安萍、董培新、香山阿黃等。

　　"鄭家鎮漫畫五十年回顧展"，於 1988 年 12 月底舉行，跨過了除夕元旦，到 1989 年 1 月上旬才結束，展出於香港藝術中心包兆龍畫廊，是筆者從事漫畫工作五十年的一次總檢閱。

　　為了這次展覽，筆者憶寫了 1934 年刊在報上的第一幅漫畫，畫面寫軍閥給無數的箭射着，是描寫當年的內戰情況。當年筆者生活在廣州，第一次投稿報刊，便給刊出了，從此有了信心向着這個方向發展。

　　香港漫畫研究社主辦了三次大型的漫畫展，都十分成功。這也是香港漫畫運動史上的重大事件。

# 漫畫新一代

　　七十年代以後，香港出現了新興的漫畫與連環圖的出版事業。黃振隆是漫畫家，出版了《玉郎漫畫》與品類多樣的連環圖，都是彩色印刷，風格頗受日本影響。

　　馬榮成的漫畫與連環圖崛起成為另一個出版事業體系，看坊間報攤的擺設，便可知新興的漫畫與連環圖都擁有大量讀者。

　　連環圖故事性強，畫面多變，動作誇張，使讀者在平凡的生活中，享受到官能刺激。

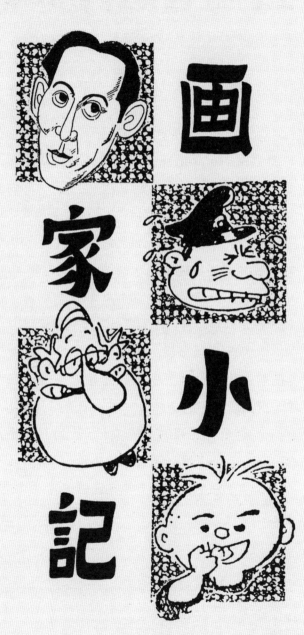

# 葉淺予的《王先生》影響深遠

　　從歷史上看，廣州和香港在文化藝術方面受上海影響很深。當年上海一片繁華，文風鼎盛，人材輩出，多少名家成為全國愛好文藝的年青人的偶像。

　　長篇漫畫，我最早看到的是在二十年代中期一份外國的畫刊中，是彩色八開本的，八頁，沒有釘裝，內有長篇漫畫與連環圖。長篇漫畫的題目是"bring up father"，事隔八十多年，我還有印象，這份畫報，我是幼年時在香港看到的。

　　中國的長篇漫畫，是始於上海。二十年代末期《良友畫報》曾刊有萬古蟾之長篇漫畫。三十年代初，刊出了葉淺予的《王先生》，是封底全版。當年的王先生是穿西裝的，瘦條子，上唇有兩根長長的鬚，長下頜，禿頭，還有他那胖胖的太太、漂亮的女兒，還有頭戴平頂草帽，結蝴蝶領花的，架眼鏡，大嘴巴，矮個子的小陳。

---

圖 38
葉淺予《王先生》之"這一隻蒼蠅"。

《王先生》開中國長篇漫畫的風氣，葉淺予以王先生為當時小市民的代表人物，反映了社會動態，說出了小市民的心聲。以誇張諷刺手法，一針見血地揭露了社會陰暗面，大受讀者歡迎。以穿西裝的王先生為主角的漫畫也曾出版了若干集單行本。

後來王先生改變了形象，穿長衫馬甲，可是內穿西褲，那一雙尖頭皮鞋也不放棄。

王先生這形象，使許多長篇漫畫都受了他的影響。上海黃堯的牛鼻子；廣州楚子的荒唐伯父；香港

圖 39
《王先生》（新集）
於 1934 年出版。

王澤的老夫子；許冠文的財叔 …… 都是穿着長衫馬甲背心。

《王先生》的單行本有多種，最後出版的是 "新集"，共四本，是 1934 年出版的。

還有《小陳留京外史》是以抗日戰爭前的南京政府時代為題材。通過小陳的故事揭露了當年的社會百態。小陳是個小京官，平日道貌岸然，穿的是中山裝。那一天，他來到了烟花地釣魚巷，看看沒有人注意，他把制服脫掉一溜烟竄入了妓寨去。還有一幅，小陳駕車，在路上輾斃了途人，父通警趕到了，要拘捕他，小陳取出名片來氣燄囂張地說："拿一張名片去吧。"交通警說："一條人命！一張名片就算了嗎？跟我到局裏去。"最後一幅是，小陳開車，把交通警也輾死，飛馳而去。這是諷刺當年官場敗壞，無法無天。

葉淺予的速寫極精，以極少的筆觸便概括了眼前景象，尤精於舞台速寫，曾在北京參加酒會，我適與他同坐一起，那邊廂正有歌舞表演，他不禁技癢，從口袋中拿出了小冊子，便勾下了幾個舞蹈動作。在香港的時候，適中旅劇團演出，他亦曾為演員造像。他的速寫，線條飛動，把演員的快動作記錄下來，任他動作多快，他的眼睛他的筆觸比演員動作更快。葉淺予善於以誇張變形來捕捉形象，這正是寫舞台動作的需要。因為略帶誇張，角色造型也便更突出了。

40

圖 40
葉淺予《小陳留京外史》
之"逆我者死"。
圖 41
葉淺予《台兒莊之春》之
"舞台人物速寫"。

（罗子英←
（金之助）

（张咁吧）白鲁←

（汇老头）郑竹帖
丁

（张鸣阁长）金山↑
王

（阿茶）贵峰马←

（铭湾阁附）到丹湾←

41

　　三十年代葉淺予在香港主編《今日中國》畫報，與戴愛蓮女士結婚，戴愛蓮是名舞蹈家，那年剛從美國回來，在娛樂戲院登台表演。

　　兩人分手後，淺予與王人美結婚，王人美早年以一曲《漁光曲》蜚聲國際。1986年，人美病逝，淺予在故鄉桐廬居住的時間多，桐廬為他建了紀念館。

　　淺予亦能詩，富春江嚴子陵釣台下的碑亭便有他自書的詩石刻。他以國畫寫"富春江圖卷"是他的力作，寫的是富春新貌。

　　葉淺予的《王先生》與《小陳留京外史》，對長篇漫畫有所發展，也開了風氣。葉淺予在1935年還應廣州《國華報》之邀，為《國華報》撰寫《王先生》，是彩色印刷的，《國華報》是廣東彩色印刷之始創者，雖然只限於漫畫方面，《王先生》每月只供稿一週，其餘的日子，由黃幻鳥、白雲龍、邵雨村及我承其乏。

# 張光宇　曹涵美　張正宇一門三傑

　　1939 年《星島日報》出版，由金仲華任總編輯，漫畫家張光宇任美術編輯，每天新聞版都刊登時事漫畫，執筆者除光宇外，還有葉淺予、特偉、張正宇、謝謝……等。香港陷敵，畫家遄返大後方，香港光復，畫家才陸續回港，香港畫壇又是一片興旺。

　　張光宇昆仲三人，次弟曹涵美、三弟正宇，一門三傑都是名畫家。涵美過繼曹家，故改姓曹，是一位出色的繡像畫家，風格與兄弟大異。他參加"全國第一屆漫畫展"，便是一幅"紅樓夢"。他亦曾來港。

　　光宇、正宇的畫風，都富裝飾趣味，光宇的中國畫寫得甚好，是王石谷風格，但向鮮示人，我只是在偶然機會，拜讀他的冊頁。與他的漫畫風格不同，幾疑不是出於同一人手筆。他便是以中國書畫傳統基礎接受了墨西哥畫家科伐羅彼斯的影響，創出他的個人風格。我們可於他的力作《新西遊記》中見之。此雖是漫畫，但充滿了中國古代裝飾畫風格，用色方面，接近敦煌。

　　張正宇的漫畫，與乃兄接近，甚富裝飾感。擅畫貓，更擅書法。他的書法是從篆隸來，但結構造型有

42

圖 42
張光宇《神筆馬良》之一。

自己的特點。行筆厚重高古，似是字，也似是畫，似是從象形文字變化而來，很富藝術性。也只有漫畫家才會創造出這般字形，漫畫家善於誇張變形，應用於畫，也應用於字。

在"文革"十年，張正宇吃過不少苦頭，打倒"四人幫"，他高興極了，酒飲多了，肝硬變症令他長眠不起。

張氏兄弟於 1938 年來港，先是住在堅道十三號 A 漫畫作家協會內，後遷居到西環學士台，當年住在學士台的還有葉淺予等。香港淪陷，他們便返大後方去。

43

圖 43
張正宇畫的貓。

# 渾身是漫畫細胞的李凡夫

李凡夫，是廣東何劍士、鄭磊泉後的第一位漫畫家。鄭磊泉晚年應梁國英藥局之邀，來港繪製《人鑑》。廣州漫畫壇便沉寂下來了，直到李凡夫、廖冰兄……等人出現，才趨蓬勃。

李凡夫，原名和，別字德尊，二十年代中期便參加廣州赤社美術研究會（赤社後改名尺社），並寫漫畫投稿於《國華報》。當年廣州《國華報》是一份編排新穎，朝氣勃勃的報紙。據任真漢說當年全廣州也只有李凡夫一個漫畫家，1934年，任職廣州《公評報》繪寫《大官》連環漫畫。他以"大官"這個活潑天真的孩子作題材，是懷念他十歲便夭折的孩子。

在這段日子裏，他還與葉因泉合作出版了《半角漫畫》週刊，這是廣州市第一份漫畫刊物，為漫畫開創了風氣。出版之日，一紙風行，鬧市街頭，報販沿街叫賣。《半角漫畫》的單張社會諷刺漫畫，多出自李凡夫手筆。我還記得他的舊詩新寫"日落照大旗，馬鳴風蕭蕭"。畫面是日落了，樓上的窗眼還豎了許多衣裳在曬晾，內外衣褲，如萬國旗。"馬鳴風蕭蕭"是寫內街的馬桶陣。當年衛生設備差，一般家庭皆使用馬桶，午夜由夜香工人喊門，捧出來清理，清理之後，就放在門前，成街巷一景。"馬鳴" 者，不是戰馬，而是馬桶。

這兩幅是李凡夫當年幽默小品之作。他的漫畫取材於生活，使人有親切感。

他參加了 "全國第一屆漫畫展"，漫畫展在全國各地巡廻展出。1934 年展出於廣州禺山中學，廣東漫畫家有作品參加者，只李凡夫與廖冰兄兩人，李凡夫的作品是 "剿匪圖"。

李凡夫寫《何老大》是較後的事，並出版了畫集，夫妻倆親自發行。

1939 年，他與友人合辦《成報》於香港，並在報上寫漫畫，且參加了 "中國現代漫畫展"。他的作品有："千夫所指，不疾而死"、"蛇吞象"。

香港淪陷，他返廣州隱居，當時廣州已是汪偽政權統治。抗戰勝利後，形勢對他不利，他佯作去世，發訃告，開假喪，星夜與太太沿廣九鐵路南行，返到香港來。當時廣九鐵路還未通車，他返抵香港，有如出生天之感。

解放後，他把藏於廣州故居的石灣舊陶瓷與清代廣東名家蘇仁山書畫全部獻給人民政府。他平生最愛

圖 44
李凡夫《何老大》之
"面面俱圓"。

蘇仁山作品，見有稱心者必購藏之，因此他所藏者多精品。他也是石灣陶瓷專家，家藏甚豐。

他於 1967 年逝世於香港，後於好友黃般若先生三個月。他死於運動家心臟病。他晚年好游泳，每日下午皆在維多利亞公園泳池 "挨塘"，心肌梗塞症突發，卒告不治。

# 華君武漫畫的中國風格

　　華君武從事漫畫創作已近六十年了，一向是生活在國內，三十年代在上海，作品常見於當時各種漫畫刊物，好寫大場面。街頭有黃包車出事，滿街都是人，闌觀如堵，卻沒有一個加以援手。三十年代他有這麼一幅的漫畫，至今我還是印象不忘。

　　他的漫畫，是中國民族風格的漫畫，是從傳統的人物畫脫胎而來，造型誇張，筆墨概括，以簡馭繁，主題突出，有惜墨如金之妙。

　　他畫上題詞，書法與畫配合，相得益彰，文筆雋永。有一篇幽默小品，他題＂貓虎同宗＂。＂貓虎同宗，老虎當了領導，剛愎自用，老虎屁股摸不到，雅號‘一言堂主’，不必細說。小貓參加工作，形象可愛，叫聲妙妙，人咸愛之。有人噴香水，有人戴高帽，有人摸順毛。更有譽之為虎的，小貓樂不可支。偶逆其毛，即大呼小貓屁股也摸不得，可見虎性尚存。＂

　　此文可說是官場現形記。

　　華君武於 1991 年 10 月曾在香港舉行漫畫展，展出了他歷年的佳作。

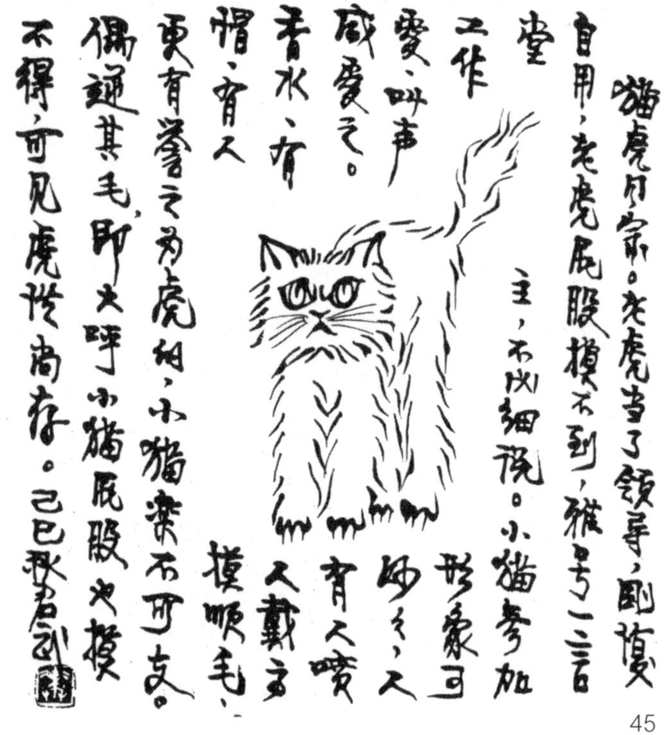


45

他的風格，影響了今天中國的畫壇。今天中國漫畫都是走中國獨有的民族風格，書畫合璧便是外國所沒有的。

圖 45
華君武之“貓虎同宗”。

# 豐子愷把“漫畫”這詞帶到中國來

　　豐子愷先生是漫畫家，也是翻譯家，精通英、日文。“漫畫”這名詞便是他於二十年代末期從日本移植過來的。

　　1948年，他從閩南到香港來，舉行個人作品展於聖約翰教堂。在此之前，他的作品零星地見於報刊，這一回，香港人才有機會全面地拜讀到他的作品。他的作品充滿了情趣。以稚拙古樸的筆觸寫生活瑣事。他的畫材全是身邊瑣事，本是平平無奇，經他筆下，突出了主題，有點石成金之妙。在平凡中見突出，使人有豁然之感，而畫材多是充滿人情味，使人感到親切，是隨時可以發生，隨時可以接觸到的事物。

　　記得在他的畫展中，有一幅“高櫃台”，一貧童手舉衣物要典當，當押店的櫃台太高了，朝奉高高在上打吨，小孩子個子矮，朝奉看不到。另一幅“三與一之比”，兩人抬轎，還有一個跟班，一共三個人，侍候轎中的一個人，轎簾低垂，轎中人是男是女不知道。這場面，在以前常見，給他搬到紙上來，畫意便突出了，諷刺性也便強了。

46

他在港時，也曾任職《星島日報》，1975 年逝世於上海。

---

圖 46
豐子愷之"三與一之比"。

# 黃苗子　郁風畫壇伉儷

　　黃苗子是書法家、文學家、也是漫畫家。三十年代初便離開香港，隻身到上海去。那時代，上海正是文風鼎盛，人物薈集。他在那兒，結識了一班文藝界的朋友，倒有點闖蕩江湖的氣慨。

　　三十年代的上海漫畫刊物，常有他的作品。他從事中國美術史的探討。他的美術著作便有《美術欣賞》、《畫家徐悲鴻》、《白石老人逸話》、《古美術雜記》、《吳道子專輯》、《八大山人傳》等。還有散文及詩詞集：《貨郎集》、《敬惜字紙》，可說是著作頗豐。

　　他的書法，充滿畫意，造型誇張，有漫畫意味。這也是只有漫畫家才會創出來的書法，不獨是書畫結合，直是漫畫與書法的結合。

　　他的太太郁風女士，在三十年代，也是從事漫畫創作的。當年中國只有兩位女漫畫家，郁風之外是梁白波。兩人的作品都見諸當年的漫畫刊物。

　　黃苗子、郁風夫婦已定居澳洲，但常返香港來。1988年，黃苗子、郁風曾在港舉行書畫展於中華文化促進中心。

47

圖 47
黃苗子的書法：“魚水”。

# 葉因泉的 "太平即景"

　　葉因泉是個謙謙君子，與李凡夫合辦《半角漫畫》，刊出他的長篇漫畫《何老大》。抗日戰爭期間，廣州淪陷，葉因泉與太太潘峭風避地香港。潘峭風是女畫家，精於圖案畫，是廣州市立美術學校的高材生。

　　葉因泉來港後，仍從事漫畫工作，在《華僑晚報》撰寫 "太平即景"，每天一幅，詩畫配合，開創了漫

48

圖 48
葉因泉之 "太平即景" 詩畫。

畫的另一風格。

葉因泉的漫畫，行筆古拙，較少誇張，但卻能以簡馭繁，突出主題，行筆有中國傳統人物畫風格，並為報社繪製連環圖，以舊小說作題材，如《說岳全傳》等，甚得讀者歡迎。

他也曾為尖沙咀一間酒店繪製壁畫，是以意大利小瓷片砌成，高十數層，蔚為大觀，具圖案美，想是與潘峭風合作。

葉因泉去世後，潘峭風女士亦移居美國。

他是廣東的前輩漫畫家，也曾在港參加漫畫工作多年，但作品除見諸報章外，並沒有參加漫畫展覽。

# 謙謙君子黃鳳洲

　　黃鳳洲是香港的前輩漫畫家，是一位謙沖虛和的好好先生。三十年代，曾任梁國英藥局的廣告設計師，許多趣味雋永、裝飾性強的廣告畫都是出自黃鳳洲之手。他當年的筆名是"呂芳"，作品散見於當年的報刊雜誌。他的漫畫，線條簡括，趣味豐富，不加說明，已使讀者會心微笑。

　　四十年代以"馮魯"的筆名寫《祖與孫》於《週末報》，並出版了單行本，是一本充滿了人情味的漫畫小品，也是沒有文字說明，全是以人物動作和表情來表達命意。他還任職《文匯報》，退休後，返廣州定居，任廣州市文史館館員。文史館中多書畫家，如吳子復、沈仲強、蘇臥農，都是文史館中人，在這段日子裏，黃鳳洲不寫漫畫了，卻寫起國畫來。在廣州文化公園中的文史館新老館員書畫展中，他的遺作是兩幅國畫，一是"獅吼"，一是"春牛圖"，前者造型誇張，頗有漫畫趣味。

　　黃鳳洲傳世作品雖不多，但在香港漫畫史上，他是一個具代表性的人物。

49

圖 49
黃鳳洲之"祖父要戒烟了"。

# 頑強鬥士廖冰兄

廖冰兄是頑強的漫畫鬥士，滿腔熱情，激昂悲憤，皆從筆端流露出來，對世上邪惡，以筆誅之；對正直之士，以筆褒之。他是一個率直的天真的，肚子裏全無機心，敢作敢為的畫家。黃苗子曾為他漫畫創作五十年展寫序，序文："畫友冰兄，一代鬼才，週身蠱惑。少無大志，甘當清潔工人，老發橫財，積得成噸畫稿，偶抒雅興，拈出斤零。就地擺攤，公開展覽，八千里路迷雲月，五十年間掃穢腥。成績斐然，歎觀止矣！夫，醜惡盡而至美出，垃圾淨而天地清。於斯世也，冰兄將拖開掃把，點染丹青。抒發其情，謳歌民樂，則此五十年之創作成陳蹟矣。會心微笑，公仔何須畫出腸，袖手旁觀，且務請公開口議。"這小序，苗子撰並書之外，署名者還有葉淺予、丁聰與郁風。

"廖冰兄創作五十年展"於 1982 年在香港三聯書店展覽廳舉行，翌年並在澳門舉行。

早在三十年代初期，廖冰兄已從事漫畫工作，在廣州報章及上海《時代漫畫》寫漫畫，並參加了"第一屆全國漫畫展"。

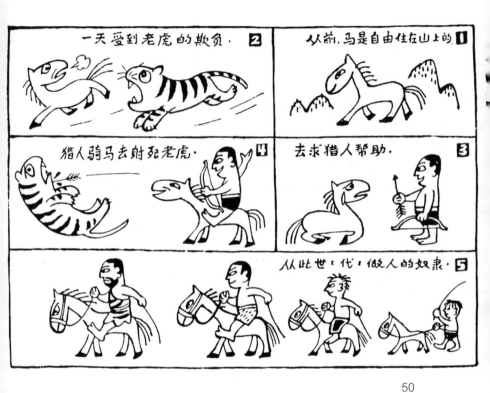

圖 50
廖冰兄之“馬之故事”。
圖 51
1948 年之《漫畫週刊》。

第八十八期

51

舊事重提集之二 •

# 科佛羅皮斯與巴里

何爲

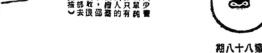

吹笛

爪哇的美麗之島——巴里具有使人陶醉的魔術調，島為世人所讚賞的是他們的舞蹈。據說荷爾斜于印尼的一切却加以壓迫，而獨祇放與歌舞土人的舞蹈。就遺了這些舞蹈和裝飾傷，救了大衆西方的游客到這「天堂」來遊覽。

殷如戈庚之發到原始塔希禘島去生活一樣，現代很多藝術家找尋他們帶回的鄉土。我們在作品上具得最多的是葡萄西班牙畫家科佛羅皮斯新。他久以來，在亞洲跑什誌及其他刊物上可以看到他那描耳默帶生活的描繪——彩色的和黑白的。他生動，我想再沒有比它更演合表現這種事物的了。他有一部器干巴里的畫集，巴里的土人情，雜收藏在箱底下，其中有一幅「巴里島」發一個持裙扭屇的半視女郎跳巴里島時的種種姿態，米霉震面，那情調就絡我們陶醉的了，很多白種人都往往這種情調。無怪乎布印當局曾限制這種舞蹈給毀掉了。

克佛羅皮亞斯會露過「黑奴籲天錄」，作品充滿着風味，因為臨定文化最低層的土人的色彩與造形美，作品很受惠人藝術的影響。他很少畫都市的生活，在他的畫面上出現的都是樸素單純過着落後的原始生活的人。他認為在這世界只有他們是最能解悟的，一種沒有粉土氣息與束縛的人的生活。而且，他經過幾人和生厉產生了科氏的繪畫形式。十三年前，科氏曾到過上海與張光宇，邵洵美諸氏遊，東方藝術是他所讚賞的，他吸收很多東西四四方去。科氏現在墨西哥，最近純寫些多東西四四方去。（附圖係科氏所作巴里素描）

四十年代，他有一段頗長的年月留在香港，在報上繪畫長篇漫畫：《阿庚》，與漫畫界朋友組織了人間畫會，並參加了《這是一個漫畫時代》的編輯工作。

1947年為《華僑日報》編輯《漫畫週刊》，是香港戰後最早出版之漫畫週刊。1949年，他離港返穗，才放下編輯工作。《漫畫週刊》每期介紹外國漫畫家，如凱綏‧珂勒惠支、佐治‧格羅斯，科伐羅彼斯……等，並發表了由專家執筆有關漫畫理論的文章，並刊出不少留港畫家如張文元、潘醉生……等人的作品，為交流與推動漫畫運動作出了努力。

張文元是上海漫畫家，文思敏捷，倚馬可待，他的畫寫得最快。潘醉生是廣州漫畫家，三十年代已大露頭角，四十年代中期留港寄居，他也是個鬼才。《漫畫週刊》的作者還有沈同衡、石餘、荒烟、何為、蒲劍、麥非……等。《漫畫週刊》共出版了一百多期。

這一批作者，解放之後，多返國去了，潘醉生在五十年代便去世了，麥非近年移居美國。

圖 52
張文元之"濕柴傳"。

濕柴傳

張文元作

熙碼九折

金融行情
元市開
銅錢交收
毫場外
鉛一
殼貝

大轟炸

EY 14211265 14001201

52

# 林檎一生奮鬥殘而不廢

　　林檎，原名世忠，"檎"是他的筆名，以筆名行，原名很少人知之。他是早期廣州市立美術學校畢業生。三十年代起，即活躍於穗港漫畫界、影劇界。

　　他是一位出色的話劇演員，也是廣州話劇運動的拓荒者。三十年代參加前鋒劇團演出《黃花崗》，他飾演清官李準。

　　三十年代，他便從事漫畫創作，作品常在上海出版之《時代漫畫》、《漫畫界》、《上海漫畫》發表。

　　在那時代，他的畫風是受了德國佐治‧格羅斯影響，愛寫貧富不均，朱門酒肉臭，路有凍死骨的題材，反映了當年社會的黑暗面。當年我國受佐治‧格羅斯影響的漫畫家，大不乏人。

　　當德國的版畫家凱綏‧珂勒惠支的作品被介紹到中國來時，他的畫風在發展。珂勒惠支筆下的悲慘世界，令林檎感受甚深，畫風也隨之一變。珂勒惠支是生長於德國戰敗，民生凋敝的時代，與當年中國軍閥割據，政治腐敗，抗戰軍起，萬民振奮的時代有着共同的脈搏。當年受珂勒惠支感染的畫家還有多人，林檎是其中較突出的一個。

53

圖 53
林檎之 " 大門之外的
嬰兒比賽 " 。

　　1938年，林檎來港參加了電影界，與黃素民、張作康、俞亮、古農耕、鄭樹堅組織了六合公司，並與黃達材合作組織電影公司，任副導演，攝製《民族罪人》。

　　1939年，他患骨節炎，不良於行，每天臥床仍作畫不輟，疾稍癒，扶杖活動如恆。六十年代之後，他從事國畫與書法。

　　他的畫設色絢麗，筆觸豪勁，書法亦遒勁可喜，法由我立，獨往獨來。曾舉行書畫展多次，去世之前，還勤於作畫，籌備畫展，逝世後，其妻子為他舉行遺作展於香港大會堂。

　　綜觀林檎的一生，他是個敢愛、敢恨、奮鬥心極強的人。他憑着一股永不氣餒的幹勁，使他殘而不廢，具有比一般人都要強的生命力。一個未滿三十而殘廢了的人能堅強地活到年逾古稀，而且每天工作不輟，工作量比常人還多。他是漫畫界的前輩，也是電影界的前輩。

54

圖 54
林檎之"新生之歌"（紀念七
七抗戰一週年組畫之一）。

# 藝壇奇士黃永玉

　　黃永玉是當代藝壇的奇士。他是版畫家、國畫家，也是漫畫家。他的畫，是寫心中意匠，不拘泥於工具。粉彩、油彩、中國畫顏料，在他手中都揮寫自如，因此，他畫的是畫，是他自己的畫，不是國畫，也不是西畫。

　　四十年代，他曾在香港思豪酒店畫廊開個人作品展。三十多年後舉行第二次個人作品展於美麗華酒店，並曾舉行人物展於三聯書店。

　　他的畫，有濃烈的漫畫味。筆下的人物造型與動作都作適度的誇張，利用古人以諷今人。筆下的鳥兒都作漫畫形象，有別於一般花鳥，使人看一眼便知道是黃永玉的作品。

　　曾見他所作"天問"、"哀郢"，畫中除屈原造像外，還滿題小楷，可知永玉不獨精於畫，更精於書法。

　　他筆下的水滸人物精絕，一百零八位好漢都漫畫化了的。

　　他愛寫屈原、鍾馗，以古諷今，以古寄意。

　　黃永玉有頑強的藝術生命力，每天勤於作畫，更好寫大畫，似有用不完的精力。他的白描，更是藝壇一絕。

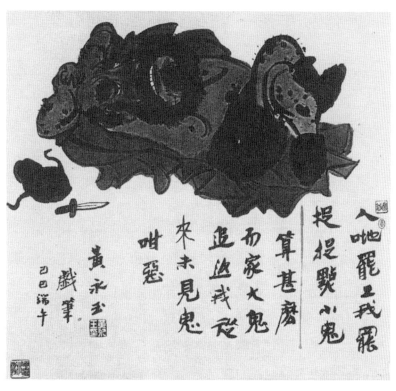

圖 55
黃永玉之"小鬼不捉"。

# 米谷　丁聰　特偉

　　米谷，1936 年便在上海參加漫畫活動。1947 年到香港來，參加了人間畫會，並擔任了報刊美術編輯。他的政治漫畫，主題明確，表現力強，深得讀者欣賞。當年港中各報，便常見到他的作品。

　　丁聰，筆名"小丁"，是我國第一代漫畫名家丁悚的兒子。丁悚在辛亥革命前即參加漫畫工作，丁聰於三十年代來港，參加"中國現代漫畫展"，1946 年再度來港，參加人間畫會，與廖冰兄等共同主持《這是一個漫畫時代》的編務。

　　特偉，姓盛，名公木。他的漫畫風格，頗受英國名家大衛‧羅影響。他擅寫政治漫畫，抗戰勝利後，返上海任動畫廠長，拍攝了多部中國畫式的動畫。

56

圖 56

米谷之〝金元券：這難道是我昨天的鞋子嗎？〞

# 陳子多筆下的香港風情

陳子多是一位敬業樂業不求名利的漫畫家。三十年代便開始漫畫及插圖工作。《天光報》名小說家傑克之《痴兒女》、望雲之《黑俠》，皆由他畫插圖，有牡丹綠葉之妙。此兩部小說，在三十年代風行一時，並拍了電影。

子多一門俊傑，皆投身新聞界。其兄子雋以"俊人"筆名撰小說，為名小說家。其弟子龍、子靜皆任報社編輯。

子多漫畫，以香港社會為題材，愛寫都市人物，富商大官，交際小姐，構成了萬花筒般的漫畫題材，用之無禁，取之不竭。子多以太平山下為畫題，寫了三四十年，每天見報，題材仍然源源不絕。他觸覺敏銳，觀微知著，發為漫畫，一針見血。

---

圖 57
陳子多之"整容專家能醫不自醫"。
圖 58
陸叔之"她嬰孩時的照片失掉了，現在補拍一張"。

57

58

　　他行筆線條流暢，有流水行雲之感，概括力強，畫圖常只是兩人對話，但其味雋永，反映社會千奇百怪。"太平山下"反映現實，使人會心一笑。

　　他也是《漫畫世界》的創辦人之一，第一期的封面畫便是他的力作，彩色斑斕，具圖案美。

# 陳雨田

## ——多面手的畫家

陳雨田，1920年生於廣州，從事藝術工作六十多年，歷任美術院校教授。他是一位藝術多面手的老畫家，在油畫、雕塑、版畫、裝飾美術、國畫以及考古學都具有較高的藝術造詣。他的國畫、裝飾美術、版畫，均為國內外的美術館或博物館所收藏。

抗日戰爭時期，由於時代的要求，他曾大量創作漫畫，宣傳抗日救國。他的作品大都依據抗日救亡歌曲曲詞進行連環漫畫創作，或印刷散發，或放大張貼街頭，或在廣場會堂內展覽，邊展覽邊教羣眾唱抗日歌曲，得到廣大羣眾的歡迎。

四十年代初，他回到香港，曾參與創辦人間畫會，除創作油畫、國畫外，還創作漫畫。畫會首次展覽就是他出的主意。他在當時的《星島日報》、《華僑日報》、《大公報》、《文匯報》、《華商報》、《中國文摘》，以及《週末報》……等先後發表過不少漫畫作品。記得他在《週末報》發表"水的故事"連環漫畫，其中有"生活無着，捨命投水。如果熟性，乃可磅水。望天打卦，有米無水。……"在《星島日報》發表的"走鬼"、"制水風光"；《文匯報》發表的"團

59

結就是力量”等作品都獲得當時羣眾的喜愛。五十年
代後他便停止漫畫創作。近數十年來，他集中創作中
國畫，善於畫雄雞、雄鷹、貓、山水，以及戲曲人
物畫。

---

圖 59
陳雨田之“水的故事”。

# 方成的漫畫一針見血

　　方成，是長期生活在北京的廣東漫畫家。他是中山人，在 1946 年便在上海參加了漫畫工作。1948 年到香港來，參加了人間畫會，並在《大公報》寫連環漫畫《康伯》，也出版了單行本。1949 年轉去北京工作。

　　他在香港時間雖然不多，但《康伯》的讀者可不少，在香港漫畫壇中起了很大作用。

　　四十多年後，1986 年他再到香港來，在三聯書店舉辦了“方成漫畫展”。他的畫線條簡潔，以簡馭繁，以毛筆作畫，線條概括而節奏明快，是中國風格的漫畫。

　　在當日畫展前言中，他說：“三十七年前，我在香港畫漫畫，現在又來到這裏舉行漫畫展覽 ⋯⋯ 。”另一篇文章的尾段：“⋯⋯ 我常聽人說，漫畫家多長壽，因為製造笑料的同時，本人也享受着笑的滋養。這一點，我是有體會的，這也是我所以樂此不倦的一個原因。”

　　看了他這一則自述，也可見到方成風趣幽默的個性。他又說：“漫畫藝術語言俏皮、潑辣，須有幽默

60

敏感才能體會和運用……"

　　他的畫,幽默諷刺使人發出會心的微笑,而他在創作過程中,也享受到這一份微笑。他的笑與讀者共同享受,發生共鳴。

---

圖 60
方成之"一盤下不完的棋"。

# 李凌翰有語言天才

　　李凌翰，是五十至七十年代香港的著名漫畫家，以《大隻廣》漫畫集贏得不少讀者。

　　更早時期，李凌翰已在北方成名，以畫連圖小說大受歡迎。他和太太東方玲，夫畫婦寫，出版了不少連圖小說。當年的《大公報》、《新晚報》、《星島晚報》、《明報》以及許多雜誌，都有他的作品。

　　他曾和幾位志同道合的漫畫家，合作出版一本極暢銷的雜誌《漫畫世界》，後與多位漫畫家合作，出版《漫畫日報》，創出以漫畫掛帥的報紙先河。

　　由於連載漫畫小說受歡迎，他在《星島晚報》刊登的《一丈紅》曾經改編為電影，並由當年紅極一時的白光主演。

　　李凌翰性格灑脫，具有多方面才華，除漫畫出色之外，歌唱也具水準。今日他已移民加拿大，但在一些聚會中仍然被邀請作為表演嘉賓。

　　他也有語言天才，廣東話、湖北話、國語一概流利之外，英文、日文也應付自如。

　　他在加拿大頗受重視，當地議員主動為他開個人畫展，為當地老人福利籌款，並即席為觀眾作寫真義

李凌翰

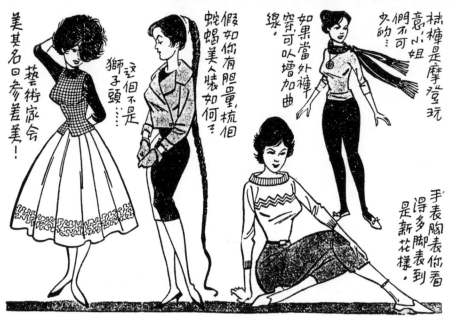

美其名曰参差美！藝術家会

這個不是⋯⋯獅子頭

假如你有胆量，梳但蛇蝎美人妝如何？

如果當外褲窮可以增加曲線

桃褲是摩登玩意，小姐們不可少的⋯

手表胸表你看得多脚表到是新花樣。

佛要金裝，人要衣裳如果沒有衣服·看他的寒酸相！

掛着馬牌隨街走別人会說你是但賭鬼·掛了這個又不同。

世界上沒有不怕冷的勇士只是沒有錢置冬裝罷了。

油頭粉臉面白無長鬚的你伙不吃軟飯是暴殄天物。

只愛打扮自己·什麼艾髮裝·歐陸裝⋯⋯這種

61

賣，成績極佳。

　　李凌翰性善喜靜，相交滿天下，知己卻無幾人，而畫家黃永玉可算是其數十年好友。

　　其兩本專集：《大隻廣遊加拿大》和《大隻廣遊美國》是由山邊出版社出版的。

圖 61
李凌翰之 “東拉西扯眾生相”。

# 黃墅　黃蒙田

　　黃墅是嶺南派名畫家黃少強的兒子，畢業於廣州市立美術學校。在三十年代香港漫畫蓬勃氣氛中，他也常寫漫畫，在報刊上發表，在漫畫活動中出過不少氣力。

　　三十年代，他是全國漫畫協會香港分會的成員。五十年代，他參加了漫畫世界組織，並主編《長城畫報》，忙於編務，漫畫也便更少寫了。他也是愛寫社會漫畫，在那時代，香港社會是萬花筒，題材俯拾即是。

　　黃蒙田，原名茅，今天，老友們仍以"茅叔"稱之。他現在是《美術家》主編，是美術研論家，著作甚豐。他在三十年代，也是一位漫畫家，在刊物上常見到他的大作。

　　他以黃復生或黃茅的筆名發表漫畫，多是宣傳抗戰，激勵人心之作。

　　他的著作有：《畫家與畫》、《畫廊隨筆》、《魯迅與美術》、《文物欣賞隨筆》……等。

62

圖 62
黃茅之〝多送一份禮，多增
一分抗戰力量〞。

# 區晴寫活了太子德

　　區晴，筆名"丁岡"，四十年代之初，即從事漫畫工作了。他創造了"太子德"這個漫畫人物，為報章寫長篇漫畫。太子德髮型獨特，只三數筆，人物的性格也便突出了。他的漫畫線條流暢。

　　他也曾從事卡通製作，當年粵語片許多卡通式的特技畫面便是他設計的，並為電影設計卡通片頭，一般人只知他是漫畫家，很少知道他有此一手。

　　他也是一位出色的連環圖畫家，《今天日報》上不少長篇故事連環圖是他的作品。漫畫的繪作是誇張變形，而連環圖卻是寫實，但表情動作也得略帶誇張。畫面多密景，不似漫畫之簡括，要不是有深厚的寫實基礎是不濟事的。

　　區晴的連環圖繪製，與我國名家相比，毫不遜色。這方面的造詣，在此地實不多見。一位漫畫家而能兼事連環圖者實不容易，一簡一繁，同出一人之手。從此可見，區晴是一位多才多藝的畫家。

63

圖 63
區晴之 "太子德"。

# 袁步雲　細路祥　李小龍

　　袁步雲，廣東南海獅山人，香港出生。

　　在新聞界中他出道很早，邊唸書邊替本港各日晚報副刊寫漫畫及專欄撰述，時年方十五歲，行內人呼之為"細路"，故有"報界神童"之稱。

　　當時，他曾創造過不少漫畫偶像，如"乜先生"、"王仔"、"阿珠"、"二伯父"、"沙塵超"、"柳姐"、"細路祥"等。

　　不過，最為膾炙人口者，是《沙塵超》、《柳姐》、《細路祥》這三篇連載漫畫。《沙塵超》刊於《紅綠日報》。《柳姐》刊於《中英晚報》。《細路祥》曾刊載於《喜報》、《掃蕩報》、《華僑晚報》、《明報晚刊》，均擁有讀者無數，發行單行本且風行海外，再版復再版。

　　袁步雲的漫畫筆法生動靈活，諷刺社會時事題材廣泛，極盡嬉笑怒罵之能事，影片公司願以重金購買他的原著版權改編成電影。

圖 64
丁岡之"中環的下班時間"。

沙塵超

細路祥

梆姐

65

圖 65
袁步雲筆下的漫畫人物。
圖 66
袁步雲之"星馬風情"。

販小生花度印

吃沙爹

吃榴槤

終於，《沙塵超》、《柳姐》、《細路祥》三部漫畫都拍成電影搬上銀幕，公映時亦天天滿座。

據說，拍攝《細路祥》之時，最傷腦筋者就是要找一個約十歲的小童當主角，當時曾在各報刊登了"徵求童星"的廣告，也有不少父母攜同自己的孩子到影片公司來應徵，但均無一合格。

影片公司遂託袁步雲親自去物色這個童角。一天，他在一間片場看見有一名十歲左右的小童，在吳楚帆、白燕跟前學足李海泉的佛山聲唱出"喃嘸鏡，真係得人驚……"，之後又猛打大翻和岌翻，袁步雲認為眼前人正是"細路祥"的胚子，可謂踏破鐵鞋無覓處，得來全不費工夫了。

原來，這孩子正是李海泉的兒子，他乳名叫阿B，袁步雲立刻找着李海泉商量，表明要請阿B拍戲，但李海泉立刻反對，理由是這孩子要上學唸書，袁步雲便提出，可以等待孩子放暑假時才拍戲，李海泉果然答應了。

《細路祥》拍竣，要印海報了，袁步雲問李海泉，阿B用甚麼名字作藝名，他說阿B的中文名叫"李振藩"，袁步雲認為藝名應該易記才能揚名，遂替阿B改上"李小龍"三個字，李海泉亦同意，從此，"李小龍"三個字便名震國際藝壇了。

# 麥正是畫家兼園藝家

麥正原名大煊，1932 年出生於澳門，並在澳門受教育。

1952 年他第一幅漫畫刊登於報刊，自始進入漫畫寫作生涯。曾當過記者，1954 年加入《漫畫世界》，當助理編輯，與李凡夫、鄭家鎮、李凌翰、陳子多、丁岡等香港著名漫畫家共事。1963 年創辦《漫畫週報》、《漫畫日報》，並參與戰後"第一屆全港漫畫展"於聖約翰堂，轟動一時。

麥正是個多才多藝的人，在創作漫畫之餘，鑽研園藝，並且創辦他的正園花圃，搜集各國奇花異卉，也開始寫作園藝專欄，在電視台、電台等主講園藝，其後又受邀到中文大學校外課程主講園藝課程凡十餘年。

自從經營園藝之後，漫畫創作逐漸減少了，進入中年開始國畫創作，加入了庚子畫會，與畫友暢遊大江南北，上黃山、登華嶽，以自然為師，以速寫入畫，另創風格，與畫友多次舉行聯展，1983 年受美國新聞處之請，於美國圖書館舉行"麥正花卉寫生

# 碌架床狂想曲

不是這位仁兄長得太長，而是這碌架床太短了！

新樓都矮了，碌架床也跟着變矮。

防止色狼夜裏襲擊，這碌架床最有用處。

高樓紛紛出現，碌架床又何嘗不可以加高？

67

68

展"，1991 年 5 月在香港大會堂舉行"麥正山水花鳥
畫展"，並出版了《麥正山水花鳥畫集》。

圖 67
麥正之"碌架牀狂想曲"。
圖 68
麥正之"房子矮，烟突高"。

看了此圖使人不能不佩服女人的能幹了

在寫字樓裏女職員的電話最多

69

---

圖 69
麥正之 "女人與電話"。

# 宋三郎與傻偵探

　　宋三郎，生於 1926 年，早歲畢業於香港西南中
學。

　　他自幼喜愛繪畫，尤愛西洋水彩畫。二次大戰
後，五十年代他受張樂平《三毛流浪記》及本港鄭家
鎮《大班周》之影響，遂學習漫畫。俟後投稿本港各
大報章，如《漫畫世界》，發表不少專欄漫畫。六十
年代，曾參加本港漫畫展覽，也曾出版漫畫集：《傻
偵探連環漫畫集》歷時近十年。另有《亨利王漫畫
集》、《傻兄傻弟》、《三妙賊》、《彩色世界》等。從
事出版業十年，亦曾在邵氏製片廠宣傳部任廣告畫設
計四年，以後入報社任編輯之職，曾任《循環日報》
美術編輯，中文《星報》及《快報》旅遊版、文化
教育版及電迅版編輯凡十一年，至 1991 年 5 月中退
休，移民加拿大。

圖 70
宋三郎之“行年宵”。

131

行年宵
庚子年
十二月

糖菓煎堆

生記沫水枝館

70

# 許冠文的《財叔》使千萬讀者着了迷

　　許冠文，廣東順德人，自幼喜愛美術，七歲逃難往韶關，可以說是在韶關長大。他的母親有位友好是美術主任，見他有繪畫天份，於是把他送入廣東省立藝術院學習美術。由於年幼，接受能力有限，起初上課只充當學生的模特兒，雖接受不到正規學習，也廣受薰陶。及後接近美術主任機會漸多，也獲得不少繪畫啟示，但生活在很不穩定的抗日時期，求學只能斷斷續續。二次大戰結束後，1947年許冠文隨祖母來香港生活，在一所美術夜校補習美術。約1956年開始以繪畫作為副業，在報章繪插圖及武俠小說單行本插圖。當時他但求有機會加強學習，並不計較報酬多少。隨後在《華僑日報》兒童版負責兒童美術，工作量增加了，繪畫從半副業進入全職工作。1958年開始創作以抗日游擊故事為背景的長篇漫畫——《財叔》。《財叔》廣受讀者歡迎，使許冠文對繪畫生涯更有了信心，此後，還編繪了《靚仔德》、《歡喜冤家》、《笑話笑畫》、《一千〇一個笑畫》、《兩公孫》等漫畫單行本，及彩色的兒童漫畫——《小寶寶》、《小寶貝》。

71

　　1986 年開始，許冠文已不再繪畫較複雜的漫畫了，只繪畫《小寶寶》及《小寶貝》，因為兒童漫畫，線條較簡單，內容但求意識好，故事有趣便行了。

　　許冠文曾說："從事繪畫三十多年，起初只為興趣而入行，也為生活而繪畫，說不上抱有甚麼理想，有幸所付出的都有收穫，因而很有滿足感。因為當有人認識我，而知道我就是他學生時期為看《財叔》犧牲了早餐的麵包錢的作者時，往往興奮地握着我的手，並告訴我一些關於他童年時期追看《財叔》的趣事，此刻彼此都產生一份共同的喜悅！"這實在是對一位漫畫家最高的獎賞。

圖 71
許冠文《財叔》的主要人物。
圖 72
許冠文《財叔》之"爭先恐後"。

# 財叔外傳（爭先恐後）
## —許冠文—

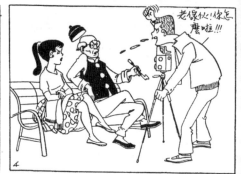

# 李鵬

　　李鵬，三十年代生活在廣州。當年他已投稿上海的漫畫刊物，並在廣州《環球報》寫漫畫，參加漫畫宣傳隊，參加了抗戰漫畫展於長堤青年會，並作四鄉巡迴漫畫展。

　　四十年代後，他定居香港，住在新界元朗，仍為報紙寫漫畫，並從事園藝，愛好種植蘭花。他也是一位硜硜自守，不慕名利的漫畫家。後來投身報社資料室任職，每天為報社寫漫畫，以社會百態為題材，直到 1989 年退休。他的漫畫於樸拙中表現出幽默感，尤其愛寫單張。

73

圖 73
李鵬之 "廣州救護車"。

137

# 陳以青

陳以青，三十年代活躍於香港藝壇的漫畫家。他原是香港一間外資大百貨公司的櫥窗設計師，作品常見於報端。

1934 年，香港第一個漫畫週刊出現於《工商日報》，便已有他的作品。1939 年《天下畫報》出版，每期的"天下漫畫"副刊，都有他的作品。

圖 74

陳以青之"李大哥"。

# 潘醉生　黃幻鳥

　　潘醉生與黃幻鳥在香港畫壇時日不多，知者亦少，但亦曾盡過氣力，起過不少作用。

　　兩位都是三十年代廣州漫畫家，廣州陷敵前來港。潘醉生後返大後方工作，黃幻鳥留下來。香港淪陷之翌年，黃幻鳥以肺病不治逝世，而潘醉生在解放後不久，也在廣州去世了。

　　黃幻鳥為人坦蕩，不拘小節，是名畫家黃幻吾之介弟。幻鳥也是奧卑利街十九號三樓林檎亭子間的常客，畫友常擠在斗室中促膝談心，當時在座的還有黃墅、樺欏、謝謝等人。

圖 75
潘醉生之“街頭小販”。
圖 76
黃幻鳥之“香港生活十二時”。

75

76

# 李聲祥

　　李聲祥是李凡夫的兒子，是《漫畫世界》的編輯，他的畫風與乃父不同，獨具風格。

圖 77
李聲祥之＂茶樓眾生相＂。

茶樓家生相

李晨風

因起趕時間吃茶樓，如打衝鋒，飯，擦晒即行。

同嘵過，扚打嘵，種滿風籠鳥類雀，嘈聲不絕。

家庭太熱情，人談，不性打柄斷，話到擎，激眼。

茶樓相，仔窺目相，醜鬼，光接眼偷女，真死。

打眼知，羞東西，親指，咁不恥張望淋手。

# 陳魯歷

陳魯歷是裝飾設計家，也是水彩畫家，閒來偶作漫畫，寫的是都市場景。

78

圖 78
陳魯歷之"夫婦之間"。

# 胡樹儒

　　胡樹儒是漫畫家，也是卡通製片家。他創立製片公司，為電影電視拍廣告片，並拍製卡通片。王澤的《七彩卡通老夫子》便是由他製片的。他的片子在台灣拍製，因為那裏畫工較易招聘，技術較佳，而工資亦較廉宜。

79

圖 79
胡樹儒之〝家當〞。

# 王澤

　　王澤是天津人，五十年代便來港定居。他筆下的《老夫子》、《秦先生》與《大番薯》長篇漫畫，風行一時。他個子微胖，笑容常掛唇邊，是一位喜劇人物。六十年代便移居美國去了，但他的《老夫子》畫集仍繼續出版，至今已出版了二百多期合訂本了，是一本長壽的長篇漫畫，也曾改編成電影。

圖 80
王澤之〝老夫子〞。
圖 81
王澤之〝金魚與美女〞。

80

# 林不息

　　林不息，原名林重傑，是《漫畫世界》的作者，也是一位教會工作者。他愛以社會不平現象為題材，創作態度十分嚴謹。

圖 82
林不息之"天氣報告"。

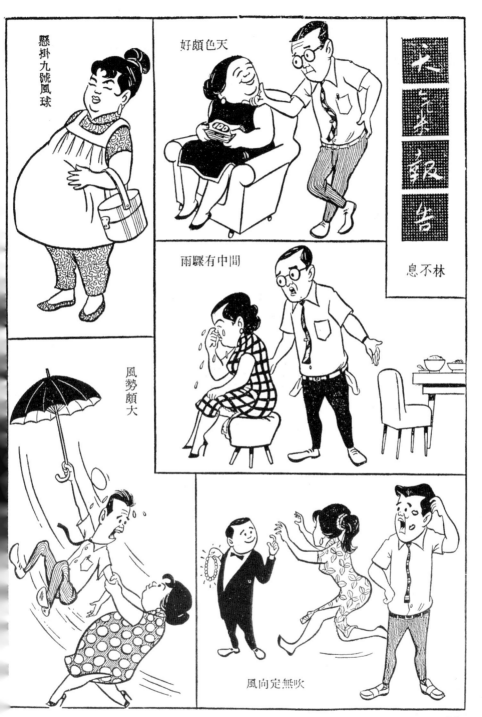

天氣報告

林不息

懸掛九號風球

天色頗好

間中有驟雨

風勢頗大

吹無定向風

# 詹秋風

詹秋風，是新聞工作者。他在報上寫漫畫及插圖。他多寫單幅漫畫，有固定人物做主角的長篇漫畫卻較少。

圖 83
詹秋風之 "人與獸"。

人与兽

秋风

羊有跪乳之思

最高等的动物不是人是『马』

人们却同类相残！

忤逆子索欵不遂殴母禽兽不如

流年属牛此年当是埋头苦干之年

辛丑

毒
偷呃拐骗姦淫邪盗
这种人『人面兽心』

这个都市到处都有狼踪

犬有救人之心也

83

# 鮑衛爾

　　鮑衛爾，原名譚彥，也是新聞工作者。他的漫畫，裝飾性強，黑白對比強烈，誇張變形，但畫面多變化。

圖 84
鮑衛爾之"山下人家"。

來氣過不喘他使欺付期分

鮑衛爾作 家上下

尺咫富貧火燈家萬

站工加的業工輕是位床

海桑田滄來春去秋

家的式動流個有應大動變業職

照對的代時舊新，梯步百與梯電

84

# 王司馬

　　王司馬的漫畫筆觸輕快，題材富幽默感，他的長篇漫畫有《契爺與小姐》，並以"狄保士"的筆名為報章寫時事漫畫。曾任職《明報》，惜天不永年，已去世多年。

圖 85
王司馬《契爺與小姐》之
"來遲一步"。
圖 86
狄保士之"明日世界"。

85

86

# 黃鳳簫

　　黃鳳簫，是一位插圖畫家，報上不少小說插圖是他手筆，偶亦寫漫畫，也多是單張的都市場景。

圖 87
黃鳳簫之 "郊遊樂"

郊遊樂

黃鳳簫

# 董培新

　　董培新，多年前從大陸來港定居。他的長篇漫畫擁有不少讀者，也常寫插圖。近年已移民加拿大，每日畫稿，用傳真機傳到報館去。

揸住五萬文樓
花又冇
得炒！

88

圖88
董培新之〝朱義盛〞。
圖89
董培新之〝羨煞旁人〞。

89

# 尊子

　　尊子，原名黃紀鈞。王司馬去世後，《明報》的漫畫專欄由尊子接替。他初亮相，便大露頭角，與王司馬在伯仲之間。他筆下的政治人物都以漫畫出之，皆能掌握其特徵，使人一看便知道是誰人。這種本領可不容易，他的畫面盡量簡化，以突出人物和主題。

圖 90
尊子之 "疊球訓練"。
圖 91
尊子之 "登高望遠"。

90

91

# 伍尚鈞　李惠珍

　　伍尚鈞、李惠珍夫婦倆都是漫畫家。伍氏曾出版《烏龍少爺》漫畫集；李惠珍出版《十三點》，風靡一時，成為暢銷作品的漫畫集。

92

圖 92

李惠珍《十三點》之"有此一着"。

# 袁一木

袁一木，1975 年出版《實驗漫畫》，但出版了三期便停刊了。他的筆名是“一木”與“本地小子”。他曾修讀中大校外課程漫畫班，導師是漫畫前輩張同先生。

93

圖 93
袁一木之“口水如雨”。

# 人丁口

　　人丁口，原名何家强，已移民外國。在離港之前，他曾舉辦過畫展，是寫漫像的專家。政治舞台影劇人物在他筆下都神氣活現，美化有之，醜化更有之。他的漫畫，笑中有淚，如："人肉漢堡包"、"享用智慧"等皆是諷刺力極強的漫畫。

94

95

圖 94
人丁口之 "人肉漢堡包"。
圖 95
人丁口之 "享用智慧"。

# 楊維邦

楊維邦，是香港漫畫研究社創辦人之一，也是《明報》"荒謬"漫畫版的主編，並以"查理"為筆名在《信報》寫《阿信的故事》長篇漫畫。

96

圖 96
查理之《阿信的故事》。

# 香山阿黃

香山阿黃，原名黃炤桃，他的畫風獨特，人物誇張，線條簡括，動作誇張。長篇漫畫有《亞靚》。亞靚原來是個醜婦。他的人物造型誇張，把反面人物盡情醜化。

97

圖 97
香山阿黃之"方便吸烟法"。

# 張艾

　　張艾，筆名"綠雲"，四十年代初期已是新聞從業員，為報上小說版畫插圖，以細緻工巧見稱。他年青時曾畫西洋畫，偶也作漫畫，以社會不平事作題材。

---

# 李瑜

　　李瑜，他的漫畫常見於五六十年代的報刊，後來投身電視圈，許多電視的畫面都是由他設計的。他多年來任無線電視監製，近年已很少動筆作漫畫了。

---

# 魏天斐

　　魏天斐，主編《文匯報》"漫畫城"週刊，是畫評專欄作家。

# 洪流

　　洪流，原名劉世仁。在《文匯報》"漫畫城"週刊常見他的作品。1980年，他的一幅"加、加、加"獲得了日本《讀賣新聞》舉辦的"國際漫畫大展"優異獎。

---

# 嚴以敬

　　嚴以敬，愛寫政治漫畫。他的幽默小趣味漫畫，常署"阿蟲"的筆名。只寥寥幾筆，趣味盎然，他的作品只見諸一些畫廊，不見於報端。後來，他也移民美國去了。

後

記

籌劃準備了多月，《香港漫畫春秋》脫稿了，雖然困難不少，但這是很有意義的工作，也得悉力以赴，但限於水平，資料不足，疏漏的地方仍在所不免。此書用較大的篇幅記錄七十年代以前的漫畫發展，是為了那一段日子，香港漫畫活動極頻繁，人材輩出之故。

早期香港漫畫，受英、美影響較深，八十年代以後，老一輩畫家退了下來，新的一代多受日本影響。

這是大半世紀以來，香港漫畫發展，雖然並不完整，但本書希望能夠作為一個記錄。

本書叙述的是以香港的漫畫家為主，或曾在香港生活一段日子，對香港畫壇曾有貢獻、發生過影響力從內地來港的畫家。香港漫畫得以蓬勃起來，與他們的努力是分不開的。

作者自傳

我是海南島人，1918年生於香港，六歲在香港唸私塾，十一歲在廣州唸中學。唸了六年中學，數學一科從來都不及格。

九歲臨《三希堂》，沒有求教於老師，只憑自己喜愛，愛那一家那一個字，便臨那一個字。十一歲，祖父給我三本畫集，兩本是西洋畫、《粹中畫集》和一本活頁的水彩。前者的扉頁，有徐悲鴻的粹中畫像，另一本是《芥子園畫譜》，我選中了後者，從此便學起國畫來。

就是那一年，我偶然於《東方雜誌》中發現了錢病鶴的漫畫，寫一雙夫婦要到龍華看桃花，那太太化妝更衣，弄了大半天，來到龍華時，天已黑了，桃花看不到了。錢病鶴這八幅連環漫畫，啟發我對漫畫的興趣，從此便學起漫畫來。我自幼便喜愛畫公仔，看過了這幾幅漫畫，便覺得我的公仔可以大派用場。

十八歲那年投稿報章，給刊登了，拿了五毛錢稿費。這是我第一次靠筆賺錢，多麼有意義的五毛錢！同年，我在《越華報》寫長篇漫畫，翌年轉投《國華報》。是年春睡畫院假我母校開畫展，我每天回去為他們看場，對中國畫有了更深的認識，興致更濃了。既寫漫畫，也寫國畫，是悄悄的寫，很少示人。

1937年從海南島歸，參加了廣州漫畫家們組織的抗戰漫畫展於長堤青年會。這是我第一次參加畫展。

參展者有潘醉生、黃超、廖冰兄、黃偉强、謝柏泉、黃幻鳥、邵雨村、陳漢青、林檎、吳神符⋯⋯多人。在廣州展出後、又組織漫畫宣傳隊赴四鄉陳村、新造、官山等地作巡廻展。

廣州淪陷前夕，返香港來。1939 年參加"現代中國漫畫展"，並主編《天下畫報》，直到香港淪陷。

抗戰勝利後，任職《華僑日報》，雖然每天在報上寫漫畫，但對中國書畫的興趣更濃。自 1962 年起，先後舉行個人書畫展九次，其中多次是專題作品展，如書法、人物、速寫、漫畫等，地點是在香港及新加坡。另外，還參加了日本、朝鮮的國際書道展、中國歷屆的美術作品展與書法展，並以"雙魚"的筆名發表有關書畫雜文於報刊。年來遍遊名山大川，搜盡奇峯打草稿，並喜以國畫筆法作舞台速寫。虎年畫虎，猴年畫猴，借物諷人。

寫漫畫的筆名有"楚子"、"司徒因"。

組織了庚子書畫會及參加了浙江、廣西、廣東各地的書畫會。

近年來，已很少寫漫畫了。即如其他上了年紀的漫畫家一樣，中年後對漫畫興趣漸減，對傳統書畫興趣較濃。可是這五十年來，香港漫畫活動，多是身歷，一點一滴，都堪回味。

危樓百態 樓

98

99

圖 98
楚子（鄭家鎮）之"危樓百態"。
圖 99
1964 年作者（左）與李凡夫北
遊南返，小住杭州，泛舟西湖。
圖 100
鄭家鎮之"擋馬"舞台速寫。

100

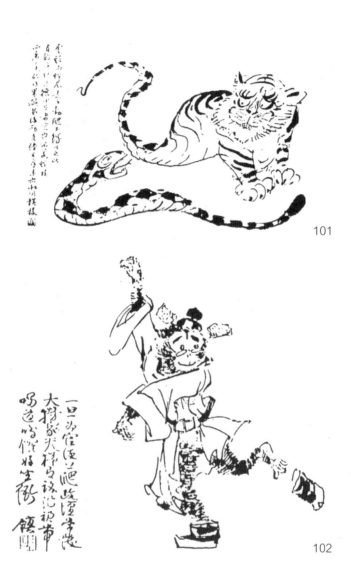

101

102

圖 101
鄭家鎮之《虎年畫虎》組畫之一：
"虎頭蛇尾，蛇頭虎尾"。

圖 102
鄭家鎮之《猴年畫猴》組畫之一：
"一旦為官向上爬"。

· **香港文庫**

　總策劃：鄭德華

　執行編輯：梁偉基

· **香港漫畫春秋**

　責任編輯：梁偉基

　書籍設計：吳冠曼

　封面設計：陳曦成

| | |
|---|---|
| 書　　名 | 香港漫畫春秋 |
| 著　　者 | 鄭家鎮 |
| 出　　版 | 三聯書店（香港）有限公司 |
| | 香港北角英皇道 499 號北角工業大廈 20 樓 |
| | Joint Publishing (H.K.) Co., Ltd. |
| | 20/F., North Point Industrial Building, |
| | 499 King's Road, North Point, Hong Kong |
| 香港發行 | 香港聯合書刊物流有限公司 |
| | 香港新界大埔汀麗路 36 號 3 字樓 |
| 印　　刷 | 美雅印刷製本有限公司 |
| | 香港九龍觀塘榮業街 6 號 4 樓 A 室 |
| 版　　次 | 2018 年 6 月香港第一版第一次印刷 |
| 規　　格 | 大 32 開（140 × 210 mm）200 面 |
| 國際書號 | ISBN 978-962-04-4165-3 |

© 2018 Joint Publishing (H.K.) Co., Ltd.

Published & Printed in Hong Kong